JN409528

부모와 교사를 위한

자폐아이 생활백서

사토 두무쿠 지음
이규원 옮김

한울림스페셜

프롤로그

우리 가족은 모두 넷이다. 시스템엔지니어였지만 지금은 공동직업소에 다니는 남편과 초등학교 교사인 나, 믿아들, 그리고 큰애와 네 살 터울인 둘째아들 츠바사이다. 츠바사는 전반적 발달장애 진단을 받았고, 그 뒤에 자폐증 진단을 받았다.

"자폐아는 배변 훈련을 어떻게 시키나요?"
"분노빌작을 막으러면 어떻게 해아 하죠?"
"비장애 형과 다투지 않게 하려면요?"
"제발 누가 좀 가르쳐주세요!"

해야 할 일은 산더미처럼 많은데 모르는 것투성이었다. 하지만 아무리 힘들어도 어떻게든 해결책을 찾아야 한다는 간절한 마음으로 당시에 나는 책과 인터넷을 헤매고 다녔다.

그때 나는 교사 5년차였다. '학급을 이렇게 이끌고 싶다, 수업을 이렇게 진행해보고 싶다.'는 의욕에 가득 차있었다. 그런데 츠바사를 돌보는 일이 너무 힘에 부쳤다. 교직을 포기해야 할지도 모른다는 생각까지 들게 했다. 고민에 고민을 거듭한 끝에 일단 교직과 츠바사 양육 두 가지 모두에 집중하고, 더 이상 버틸 수 없다고 판단되면 그때 교직을 그만두자고 마음먹었다.

그 뒤로 나는 자폐아의 특성을 조금씩 파악해가면서 다양한 어려움을 하나둘 해결해나갈 수 있었다. 아이들을 가르치며 터득한 방법들도 츠바사 양육에 적극 활용했다.

국어시간에 가르치는 표현 지도방법은 츠바사와 의사소통을 하는 데 도움이 되었다. 연구수업 지도안 작성의 기본원칙인 '과제분석 > 방법도출 > 실행 > 반성과 평가'는 츠바사가 안고 있는 다양한 어려움을 해결하는 과정에서 활용했다. 반면, 츠바사를 키우며 터득한 '시각화', '스몰 스텝', '구조화', '긍정적 접근', '패턴화하여 반복하기' 등은 교실 수업에서 활용할 수 있었다.

내가 방법을 찾자 츠바사는 행복하게 자랐다. 나는 내가 고민하며 찾아낸 방법들을 나와 같은 처지에 놓인 사람들과 나누고 싶었다. 또 건강한 아이라면 아무 어려움 없이 해내는 행동을 츠바사가 하려면 몇 배의 노력을 기울여야 한다는 사실을 주변 사람들에게 알리고 싶었다.

츠바사는 지금 열두 살이고 초등학교 5학년이다. 나는 이 책에 츠바사가 세 살부터 아홉 살이 될 때까지 키우며 교육한 방법과 다양한 문제에 대한 해결책뿐만 아니라 그 시행착오까지 상세하게 썼다. 이 내용들이 독자 여러분들이 궁금해하거나 고민하는 문제들을 해결하는 데 도움이 되었으면 좋겠다.

자폐아는 갑자기 분노발작을 일으키거나 엉뚱한 행동을 하곤 한다. 그것은 그 아이들의 감각이 무척 민감해서 주변의 자극이 과도하게 밀려들기 때문이다. 이때 아이들은 어찌할 바를 몰라 허둥대거나 심해지면 분노발작을 일으킨다.

나는 자폐아의 부모들이 아이를 제대로 이해하고, 아이와 함께 살아가는 생활의 기술을 익히고, 아이와의 적절한 의사소통 방법을 터득해 아이와 하루하루 평화롭고 풍요롭게 지낼 수 있기를 바란다.

자폐아와 어떻게 지내야 할지 몰라 고민하는 어린이집, 유치원, 학교 선생님들도 이 책에서 평화롭고 즐거운 교실 생활을 꾸리는 데 필요한 작은 도움이나마 얻는다면 저자로서 더 바랄 것이 없겠다. 이 글이 그런 모든 분들에게 조금이나마 보탬이 되기를 소망한다.

사토 도모코

차례

* 1 *

일상생활에서 부딪히는 문제들은 이렇게 해결!

우리에게는 아무렇지도 않은 일이 츠바사에게는 견딜 수 없이 괴로운 일일 수 있다. 또 부모는 아무래도 장애를 가진 아이를 우선시하기 때문에, 다른 가족이나 형제들은 무조건 인내를 강요받기 쉽다

그래서 우리 가족은 츠바사와 함께 평온하게 생활할 수 있도록 다양한 방법을 궁리해왔다. 츠바사가 쉽게 해낼 수 있는 일부터 시작해 점차 단계를 올려나가자, 마침내 많은 징벅을 극복할 수 있있다.

머리 감기를 싫어하는 아이

츠바사를 키우며 힘들었던 일 가운데 하나는 목욕할 때 머리를 감기는 일이었다. 아기 때는 싫다고 울어도 강제로 머리를 감기고 샤워를 시켰다. 첫애한테는 샤워 모자를 씌웠지만, 츠바사는 모자 쓰기를 너무 싫어해서 샤워 모자도 씌우지 못했다. 이러다 곧 익숙해질 거라고 대수롭지 않게 생각하고는, 아이가 소리 내어 울어도 아랑곳하지 않고 머리를 감겼다.

하지만 '이러다 곧 익숙해지겠지.' 하는 생각은 내 착각이었다. 아이의 울음소리는 더 커져갔고 점점 더 난폭해지더니 마침내 욕실 벽에 제 머리를 쾅쾅 찧는 자해 행위까지 했다.

그제야 '이러다 큰일 나겠다.' 하고 깨달았다. 자폐 진단을 받기 전의 일이었다. 자폐아는 대개 감각이 지나치게 예민하거나 둔한 '감각 이상'이 있다. 츠바사도 더위와 추위에는 둔감한데, 소리나 피부 접촉에는 아주 예민하다.

나중에 어느 책에서 고기능 자폐증 아이가 샤워할 때 겪는 고통을 '바늘에 찔리는 것 같다.'고 쓴 것을 보았다. 샤워 물줄기는 작은 구멍에서 뿜어져 나오기 때문에 수압이 높아져 몸에 닿을 때 따갑게 느꼈다는 것이다. 그때 처음으로 나한테는 아무렇지도 않은 감촉이지만, 츠바사에게는 엄청난 고통이었다는 걸 깨닫고 너무나 미안한 마음이 들었다.

샴푸 거품은 신나는 장난감

츠바사가 목욕까지 싫어하는 조짐을 보이자, 나는 우선 재미있게 목욕할 수 있는 방법을 궁리했다. 그래서 해본 것이 비눗방울놀이, 물총놀이, 해파리놀이(젖은 수건으로 공기를 가두어 물속에서 거품을 내는 놀이) 등이다. 덕분에 곧 욕실에서 츠바사의 웃음소리가 들리기 시작했다.

다음은 당면 과제인 머리 감기. 물줄기를 끔찍하게 싫어해서 일단 거품내기 정도는 즐겁게 할 수 있도록 샴푸 거품으로 재미나게 노는 방법을 개발했다. 큰애와 내가 머리에 거품으로 뿔을 만들어 '도깨비'가 되는 시범을 보여주었다. 츠바사도 해보라고 부추긴 다음 거울을 보여주었더니, 그런 제 모습이 그리 싫지는 않은 얼굴이었다. 〈유희왕 게임〉이 한창 유행하던 때라 사방팔방으로 삐죽삐죽 뻗친 유희의 머리 모양도 흉내 내보고, 사자나 토끼 등 다양한 머리 모양을 만들며 놀았다. 이렇게 해서 샴푸로 거품 내는 단계까지는 간신히 성공했다.

코끼리 모양 물뿌리개로 졸졸 흘려주면 괜찮아요

목욕은 말할 것도 없고, 샴푸 헹구기에도 시행착오가 있었다. 츠바사는 대야 위에 머리를 숙이고 헹구는 것조차 두려워했다. 그래서 해본 것이 수건을 따뜻한 물에 적셔서 머리카락을 훔치듯이 헹구는 방법이었다. 그런데 이 방법은 힘만 들 뿐 전혀 헹궈지지가 않아서 샴푸기가 남아 머리카락이 끈적끈적했다.

그러던 어느 날 잡화점에서 코끼리 모양의 파란색 물뿌리개를 발견했다. 얼른 구입해서 '코끼리아저씨 물뿌리개'라고 이름 붙이고는 그걸로 뒷머리부터 조금씩 헹궈보았다. 샤워기처럼 수압이 세지 않아서 츠바사도 잘 견뎌냈다.

그렇다고 헹구기가 해결된 건 아니었다. 코끼리아저씨 물뿌리개에 따뜻한 물을 담을 때 꼭 지켜야 할 것이 있었다. 수도꼭지에서 직접 받은 온수는 밀쳐내고 꼭 대야에서 담은 온수라야 했다. 몸에 묻은 비눗기를 헹굴 때도 마찬가지였다. 왜 그럴까 생각해보니, 수도꼭지에서 나오는 물은 냉수나 열탕처럼 뜻밖에 뜨겁거나

차가운 경우가 있지만 대야의 온수는 그렇지 않기 때문인 듯했다.

뒷머리를 끝내면 좌우 옆머리를 헹궜다. 이때는 귀에 물이 들어가지 않게 한 손으로 츠바사의 귀를 막아주며 헹궜다. 하지만 아무리 조심하려고 애써도 얼굴로 물이 흐르기 쉬운데, 그러면 바로 수건으로 닦아주었다. 귓바퀴에 묻은 물도 곧바로 닦아주었다.

앞머리 헹구기가 가장 어려웠다. 아무래도 물이 눈에 들어가기 때문이었다. 머리를 뒤로 젖히게 하고 물을 뿌려주었지만, 의사소통이 제대로 안 되는 시기였기 때문에 머리를 뒤로 젖히게 하는 것도 쉽지 않았다. 결국 수건으로 제 얼굴을 꾹 누르게 하고 앞머리를 헹궜다.

또 헹굴 때는 물을 뿌리기 전에 먼저 "셋, 둘 , 하나." 하고 카운

트다운을 해서 물을 뿌릴 거라고 미리 알려주고 그 뒤에 코끼리 아저씨 물뿌리개를 이용해서 물을 졸졸 흘리면서 헹궜다.

그렇게 고심한 보람이 있어서 어렵게나마 머리 감기를 제대로 마칠 수 있었다. 그 뒤에도 이 방법은 츠바사에게 무리없이 통했다. 예측이 되는 일이나 익숙한 일은 자폐아도 잘 견뎌내기 때문이다. 이렇게 한 가지 문제를 해결했다.

머리 잘 감으면 아이스크림 줄게!

하지만 내가 조금 피곤해서 씻기기를 하루 거르면 츠바사는 당장 이튿날부터 머리 감기를 거부했다. 마치 "어제는 안 씻었는데, 왜 오늘은 씻으라는 거야!" 하고 나를 비난하는 것 같았다. 그리고 가끔 일찍 퇴근해 들어온 남편에게 츠바사의 머리를 감겨 달라고 부탁하면 어김없이 욕실에서 츠바사의 울음소리가 들려왔다. 하는 수 없이 지친 몸을 이끌고 내가 다시 아이를 씻겼다.

아무리 애를 써도 츠바사가 씻기를 거부할 때에는 상을 준비했다. "욕실에서 머리 잘 감고 나오면 아이스크림 줄게!" 이 방법은 효과 만점이었다. 머리를 감은 큰애와 내가 아이스크림을 먹고 있으면, "아이스크림 주세요." 하고 손을 내미는 츠바사에게 "내일 머리 잘 감으면 줄게." 하며 나도 물러서지 않았다. 츠바사는 도저히 못 참겠으면 옷을 벗어던지고 욕실로 달려갔다.

대야에서도 씻길 수 있게 되다

코끼리아저씨 물뿌리개를 졸업하게 된 데는 한 가지 계기가 있었다. 가족 여행을 갔을 때, 그만 코끼리아저씨 물뿌리개를 깜빡 잊고 갔다. 나는 크게 당황했지만, 시험 삼아 욕실에 있는 대야에서 씻겨 보기로 했다.

대야 위에 고개를 숙이게 하고 "셋, 둘, 하나." 카운트다운을 하고 물을 약하게 졸졸졸 흘려보았다. 평소처럼 물을 뿌릴 때마다 수건으로 얼굴이나 귓바퀴에 묻은 물기를 닦아주며 뒷머리, 좌우 옆머리, 앞머리 순서로 헹궈주었다. "츠바사! 잘했어!" 하고 칭찬도 해줬다. 그 뒤로는 집에서도 대야에서 머리를 감고, 코끼리아저씨 물뿌리개를 졸업할 수 있었다.

요즘은 얼굴로 물이 흐를 때마다 수건으로 닦아주지 않아도 괜찮다. 덕분에 대야에서 세 번이나 헹군 다음에 수건으로 얼굴을 닦아준다. 온수를 끼얹을 때도 졸졸졸 흘려주는 것이 아니라, 시원하게 쏴아 뿌려준다. "샴푸기가 남아 있으면 가려우니까 한 번만 더 하자." 하고 평소에 안 하던 말을 해도 얌전히 응한다. 이제 완전히 익숙해진 것이다.

아무리 추워도 안 입는 웃옷

아기 땐 옷 갈아입히는 인형이나 다름없던 츠바사였다. 하지만 네 살 무렵부터는 이것도 안 입는다, 저것도 안 입겠다고 고집을 피워대는 통에 여간 애먹은 게 아니었다. 가장 애먹은 것이 웃옷 입히기였다. 츠바사는 아무리 추운 겨울에도 외출할 때 운동복만 입겠다고 고집하고, 힘들게 웃옷을 입혀놔도 곧 벗어던졌다.

아무리 추워도 운동복

츠바사가 다섯 살 되던 해 어느 겨울날, 결혼하고 처음으로 친정 나들이 길에 올랐다. 내 고향은 겨울에 춥기로 유명한 아오모리 현으로, 웃옷 없이 겨울을 난다는 것은 엄두도 못 낼 곳이다.

아오모리 역은 하얀 눈에 덮여 있었다. 츠바사는 그날도 웃옷을 거부하고 운동복 차림이었다. 하지만 추운지 자꾸만 내 코트 속으로 비집고 들어왔다. 그래서 내가 “츠바사, 웃옷 입을래?” 하고 물으면 끝내 “안 입어!” 하며 도리질을 했다.

택시를 타고 도착한 친정집은 다행히 따뜻했다. 큰애는 난생 처음 보는 하얀 눈에 잔뜩 흥분해서 “눈사람 만들자!” 하며 얼른 밖으로 뛰어나가고 싶어했다. 물론 나도 오랜만에 보는 고향 설경에 밖에 나가고 싶어 몸이 근질근질했다.

큰애는 친정어머니가 준비해둔 스키복으로 완전무장했다. 친정어머니는 원래 식구들에게 겨울옷을 단단히 입히지 않고는 못 배기는 분이어서, 싫다고 하는 큰애한테도 내복까지 단단히 챙겨 입히셨다. 그러니 츠바사가 운동복 차림으로 밖에 나가는 건 언감생심 있을 수도 없는 일이었다.

어머니와 나는 머리를 맞대고 궁리한 끝에, “밖에 나가 놀 사람은 웃옷을 입어야 한다.”는 규칙을 츠바사에게 알려주고 웃옷을 입혀보기로 했다. 엄마와 형이 밖에 나가면 츠바사도 나가 놀겠다고 할 것이 분명하니까. 밖은 눈보라 세상이니, 천하의 쇠고집 츠바사라도 웃옷을 입지 않고는 못 배길 거라고 예상했다. 웃옷을 입지 않으면 아예 내문을 열어주지 말자고 했다. 친정집 대문은 미닫이문인데, 츠바사는 미닫이문 잠금 장치가 처음이라 혼자서는 열 수 없었다.

그래도 츠바사는 웃옷을 입지 않겠다고 해서 할머니를 애먹였다. 연신 "밖에 나갈래!" 하며 열리지 않는 미닫이문 앞으로 갔다가 아무래도 열 수 없자 뒤로 벌렁 드러누워 울어댔다. 마음이 흔들렸지만 참고 또 참았다.

난생 처음 웃옷을 입다

큰애가 눈사람을 굴리다가 지쳐 집 안으로 들어왔다. 결국 '웃옷 프로젝트'는 중단되고 우리는 다른 방법을 궁리해야 했다.

이런저런 궁리 끝에 우리는 할머니가 츠바사한테 주려고 사둔 빨간 웃옷과, 큰애와 한 세트로 구입한 파란 스키복을 현관에 걸어두기로 했다. 둘 중 하나를 입지 않으면 밖에 못 나간다는 것을 시각적으로 알려주는 방법이었다. 그리고 웃옷, 장화, 모자를 다 갖춰 입은 사람을 종이에 그려 붙여놓았다. 이것으로 준비 완료!

큰애는 따뜻한 실내에서 조금 쉬더니 금방 기운을 차렸다. 그래서 이번에는 눈으로 움집을 만들어야겠다며 나와 함께 다시 밖으로 나갔다. 물론 츠바사도 나가고 싶어했다.

"웃옷 입어야지. 빨간 웃옷, 파란 웃옷, 어느 걸 입을래?" 할머니가 묻자, 츠바사는 마지못해 "빨간 웃옷." 하고 물러섰다. 고집을 꺾은 츠바사에게 할머니는 모자도 씌우고 장화도 신기고 목도리까지 둘러주었다. 마침내 츠바사가 웃옷을 입었다!

"어느 걸로 할래?"

옷옷 입히기에서 사용한 '어느 걸로 할래?' 방식은 그 뒤 다양한 상황에서 필살기로 활용됐다. 예컨대 식사 시간에 꼭 먹이고 싶은 음식이 있으면, "양배추, 당근, 어느 걸 먹을래?" 하는 식이다. 츠바사는 별로 내키지 않는 일이라도 '어느 한쪽을 선택해야 한다.'고 믿는지 잘 응해주었다. 덕분에 거의 모든 일상의 일들을 순조롭게 해결했다.

귀지 파기, 손톱 깎기, 어느 걸 할래?

츠바사가 다섯 살 때, 어린이집에서 "손톱이 많이 자랐더군요."라는 연락을 받고 우리 부부는 얼굴을 마주보며 한숨을 쉬었다. 손톱이 길게 자란 것은 알고 있었지만, 츠바사는 손톱을 깎으려고 하면 마치 팔이라도 잘릴 것처럼 거칠게 저항해 손톱을 깎을 수 없었기 때문이다. 더 이상 미룰 수 없게 된 우리 부부는 힘으로 문제를 해결했다. 내가 츠바사의 몸을 제압하는 동안에 남편이 손톱을 깎았다. 하지만 그때마다 츠바사는 온몸으로 저항했다.

하루는 남편이 '어느 걸 할래?'를 응용해서, 츠바사에게 "귀지 파기, 손톱 깎기, 어느 걸 할래?" 하고 물었다. 거의 협박이나 다름없었다. 츠바사에게 귀지 파기는 손톱 깎기보다 더 끔찍한 일이었기 때문이다. 아이는 잠시 생각하더니, "손톱 깎기." 하고 답했다.

대답은 그랬지만 막상 시작하면 얌전히 응할 것 같지 않아서 나는 언제든 아이를 제압할 준비를 하고 있었다. 그런데 놀랍게도 츠바사가 얌전히 손톱을 깎는 게 아닌가. 자폐아의 '규칙을 준수하는 특성'이 그 상황에서 발현된 것이다. 츠바사는 그런 식으로 여러 번 손톱 깎기를 경험하더니, 곧 익숙해져서 지금은 손톱 깎기를 두려워하지 않는다.

단, 아이가 싫어하는 두 가지를 제시하며 하나를 택하게 하는 일이 자주 되풀이되면 아이 마음속에 어느 순간 '힘들어.', '나 못해.' 하는 생각이 자라나 더 이상 효과를 볼 수 없다. 이럴 때 아이에게 "어느 걸 할래?" 하고 선택을 물으면 아이는 선택을 거부하거나 선택지에 없는 걸 요구해 필살기의 위력을 잃게 된다.

처음에는 '좋아하는 것'과 '좋아하지는 않는 것'을 짝지어준다

나는 이 방법을 교실에서 학생들을 지도하던 경험에서 착안했다. 교실에서 울고 있는 학생이 눈에 띄면, 나는 "어디 아프니? 아니면 친구가 괴롭혔니?" 하고 물었다. 대화가 통하지 않는 츠바사에게도, "어느 쪽이니?"로 접근하면 의사소통이 가능할지 모른다고 생각했다. 그래서 처음에는 한 손에는 츠바사가 아주 좋아하는 오렌지 주스, 다른 손에는 거의 마시려고 하지 않는 우유를 들고서 "주스, 우유, 어느 걸 마실래?" 하고 물었다. 츠바사는 비로 주스 쪽으로 손을 뻗었다.

'좋아하는 것'과 '좋아하지는 않는 것'을 제시하면 츠바사는 내 말을 온전히 이해하지 못해도 하나를 고를 수 있었다. 선택을 하

고 난 뒤에 칭찬받는 과정을 반복하다보니, 어느새 "어느 걸로 할래?"라는 말을 이해한듯 보였다.

다음에 시도한 것은 '좋아하는 것'과 '좋아하는 것'을 짝지은 경우이다. 감자 칩과 콜라를 제시하면 츠바사는 선택하느라 꽤 고민했다. 최종 목표는 '싫어하는 것'과 '싫어하는 것'을 놓고 선택하게 하는 것이다. "날달걀과 돼지비계, 어느 걸 먹을래?"라고 물으면, 아마 남편도 얼굴이 창백해질 것이다.

"안 돼!"가 아니라 "하자."라고 말하자

나는 "안 돼."라는 말을 하루에 몇 번이나 했는지 모른다. 아이가 좋아하는 것 중에 부모는 싫어하는 게 있기 마련이다. 츠바사도 예외가 아니어서, 시댁에 가면 보온병을 만지고 난로 위에 올라가는 등 내내 걱정스런 행동을 하곤 했다. 하지만 츠바사 입장에서는 어떤 생각이 들었을까?

- "안 돼."라는 말이 나오면 하고 싶은 일을 못한다.
- "안 돼."라고 말할 때 엄마 얼굴이 무섭게 변한다.
- "안 돼."라는 말이 나오면 안 좋은 일이 벌어진다.

츠바사로서는 매우 못마땅했을 것이다. 또 행동을 제지당하면서 욕구 불만으로 스트레스를 많이 받았을 것이다.

아이에게 '안 돼.'가 부정적인 이미지를 주는 말이 되기까지는 그리 오래 걸리지 않는다. 그리고 어느 순간 별 생각 없이 뱉은 "안 돼."가 기폭제로 작용해 갑자기 아이가 "안 돼! 또 안 돼!!!" 하고 울부짖으며 벌렁 드러눕거나 머리를 방바닥에 쾅쾅 찧는다.

금지어 1호 "안 돼."

그런 일을 몇 번 겪다가 마침내 가족회의를 열어 "안 돼."라는 말은 하지 않기로 했다. "안 돼."는 우리 가족의 금지어 1호가 되었다. 그리고 "안 돼."를 다른 말로 바꾸어 말하기로 했다.

식탁에 올라가면 안 돼!	⇨	식탁에서 내려오세요.
낙서하면 안 돼!	⇨	다른 종이에 쓰세요.
밖에 나가면 안 돼!	⇨	3시에 산책하러 갈 거예요.

"안 돼!"보다는 "하자." 쪽이 당연히 효과가 컸다. 교실에서도 아이들에게 "자세가 나쁘다."고 말하기보다는 "등을 쭉 펴자." 혹은 "자세가 좋구나." 하고 말해야 아이들이 더 고치려고 노력한다. "안 돼."를 다른 말로 바꿔 말하다보니, '아, 이건 내가 교실에서 해오던 바로 그 방식이구나.' 하고 깨달았다.

'긍정적 접근'이 효과적이다!

예전에 역 앞에 방치된 자전거 문제를 다룬 텔레비전 프로그램을 본 적이 있다. 한 경비원이 "이곳에 자전거를 세워두면 안 됩니다!"라고 거칠게 말하자, 그 말을 들은 어느 청년은 아예 못 들은 척했고, 한 중년 여성은 "왜 나한테만 그래요!" 하고 반발했다. 하지만 "이리 오셔서 저기 주차하시면 됩니다."라고 부드럽게 안내하자, 사람들이 "그래요?" 하고 마법처럼 순순히 따랐다. 이것이 바로 '긍정적 접근'이다. 긍정적 접근은 자폐아한테만 효과적인 것이 아니다.

츠바사는 말뜻을 알아듣지는 못해도 말투에 민감해 언제나 한결같이 차분하고 부드러운 말투로 말하려고 노력했다. 남편이 "츠바사한테는 상냥하게 말하면서 왜 나한테는 그렇게 쌀쌀맞게 말하는 거야?" 하고 농담처럼 투정을 부릴 정도였다. 츠바사한테는 내 감정 기복이 드러나지 않도록 자제하지만, 그렇게 자제한 감정을 남편이나 큰애한테는 발산했던 모양이다.

아이를 달랠 때는 말보다는 가만히 지켜본다

"괜찮아."라는 말은 위로할 때 건네는 따뜻한 말이다. 그런데 이 말이 "뭐가 괜찮다는 거야?"라는 반응을 불러일으킬 때도 있다.

나는 츠바사에게 어떤 상황에서 "괜찮아."라고 말해왔는지 생각해봤다.

- 츠바사가 두려워 떨고 있을 때
- 츠바사가 넘어져서 아파할 때
- 츠바사가 병에 걸려 힘들어할 때
- 츠바사가 울면서 흥분할 때

이럴 때 나는 츠바사의 머리를 쓰다듬으며 애정을 듬뿍 담아, "괜찮아, 괜찮아." 하고 말했다. 하지만 그 순간이 츠바사에게는 늘 '최악'일 때였을 뿐이다. 최악의 순간에 "괜찮아."라니…….

"괜찮아."는 괜찮지 않아!

어느 날, 내가 여느 때처럼 "괜찮아."라고 말하자, 츠바사가 대뜸 나한테 박치기를 했다. "안 돼."와 마찬가지로 "괜찮아." 역시 불난 데 휘발유를 들이붓는 격이었다. 츠바사는 "괜찮아."란 말을 들은 순간 지금까지 겪었던 온갖 싫은 일들을 떠올렸던 모양이다. 품에 꼭 안아줘도 계속 몸부림쳤고, 심할 때는 박치기로 내 입술을 찢은 적도 있다. "괜찮아."는 사실 전혀 괜찮지 않은 말이었다.

우리 어머니도 츠바사한테 "괜찮아."라고 말했다가 나와 똑같이 호된 일을 겪었다. 그 이후로 "괜찮아."는 우리 가족의 금지어 2호가 되었다.

진정되면 꼭 안아주고 응석을 받아준다

츠바사를 달랠 때는 아무 말도 하지 않았다. 달래주고 싶어도 잠자코 있었다. 공연히 말로 자극하기보다는 그저 가만히 지켜봤다. 그러다 서서히 진정되면 아이가 먼저 안아달라고 했다. 그러면 꼭 안아주고 실컷 응석을 부리게 했다.

슬퍼하거나 힘들어하는 자식을 부모가 가만히 지켜만 보는 것은 힘든 일이다. 하지만 츠바사에게는 그렇게 해야 했다.

그 후 츠바사는 차차 다양한 말을 기억해갔다. 많은 경험을 쌓으며 일상생활에서 지켜야 할 규칙도 익혔다. 덕분에 츠바사에게 "안 돼."라고 말할 일도 줄어들었다.

요즘에는 츠바사에게 "안 돼."라는 말이 그저 "안 돼." 이상의 의미를 갖지 않는다. "괜찮아."도 마찬가지다. 그 말 본래의 뜻으로 받아들일 뿐이다.

가족이 사이좋게 텔레비전을 보려면

내가 텔레비전 채널을 조작하는 것을 보고 츠바사도 금세 채널 조작법을 익혔다. 기계는 놀라울 만큼 금방 익힌다. 기계의 좋은 점은 예상한 반응이 한 치의 오차도 없이 나온다는 것이다.

"츠바사, 대단하구나!" 하고 기뻐한 것도 잠시, 츠바사가 새로 익힌 능력은 지금까지 평온했던 우리 가족의 텔레비전 시청 시간을 온통 뒤흔들어놓았다.

울고불고하는 장면은 싫어!

츠바사는 자기 마음에 들지 않는 프로그램이면 텔레비전을 꺼 버렸다. 울거나 고함치거나 분노하는 장면이 나올 때 그렇게 반응했다. 그런데 문제는 내가 좋아하는 서스펜스 드라마에서 긴장감 넘치는 순간에, 그리고 큰애가 좋아하는 만화영화에서 주인공이 적의 공격에 쓰러질 것 같은 장면에서 텔레비전을 끄는 게 문제였다.

결정적인 순간에 화면이 꺼졌기 때문에 다른 가족들은 아우성이었다. 하지만 츠바사 입장에서 생각해보면 자기가 싫어하는 소리를 듣는 것은 고문이나 마찬가지였을 것이다.

하는 수 없이 텔레비전을 한 대 더 사서 2층에 놓고, 츠바사가 1층 텔레비전을 끄면 2층으로 올라가 따로 보기로 했다. 그래도 큰애는 펄펄 뛰며 화를 냈다. 2층으로 올라가는 동안에 중요한 장면이 다 지나가버렸기 때문이다.

그래서 헤드폰이 등장했다. 싫어하는 소리가 나올 때 헤드폰을 쓰면 츠바사와 함께 있을 수 있었다. 츠바사가 싫어하는 소리가 나오려고 하면, "형, 헤드폰 써요!" 하고 말하는 법도 가르쳤다.

텔레비전 시청 계획표

어느 정도 시간이 지나자, 츠바사는 자기가 좋아하는 프로그램을 골라 보게 되었다. 특히 〈엄마랑 함께〉나 〈스모 대회〉를 좋아해서 그 시간만 되면 제 손으로 채널을 맞췄다.

그런데 특정 방송국만 고집한다는 게 문제였다. 울고불고하는 장면이 별로 없는 NHK 교육방송 〈러시아어 강좌〉, 〈수화 뉴스〉,

〈오늘의 건강〉 등을 즐겨 보았다. 차분하고 지루한 내용들이라 다른 식구들에게는 그야말로 '고역의 교육방송'이었다.

그래서 궁리 끝에 해결책을 찾았다. 식구들이 저마다 보고 싶은 프로그램을 골라서 '시청 계획표'를 짰다. 먼저 요일별로 시청할 프로그램을 고른 다음, 엑셀 프로그램으로 시간과 채널, 누가 보고 싶어하는 것인지를 알기 쉽게 표로 만들었다. 각 방송국 홈페이지에서 그림 파일도 내려받아 꾸며 넣었다. 이렇게 한 데는 다른 식구들도 저마다 보고 싶은 프로그램이 있다는 걸 츠바사에게 알려주려는 의도도 있었다.

화요일

시간	프로그램	
1:00~6:00 스모 대회		츠바사가 보고 싶은 것
6:00~6:30 12번 I 스쿨 럼블		형이 보고 싶은 것
6:30~7:00 12번 I 블리치		형이 보고 싶은 것
9:00~10:00 6번 I 딱잘라 말해요		엄마가 보고 싶은 것

계획표는 클리어파일에 꽂아서 하루가 지나면 맨 뒤로 넘길 수 있게 한 다음, 텔레비전 옆에 걸어두었다. 츠바사도 그 계획표를 아주 마음에 들어해서, 내가 잊고 있으면 “일요일 거 보여줘요.” 하고 요구했다. 시간이 지나자, 츠바사가 스스로 내용도 바꾸었고, 덕분에 요일이란 개념도 익혔다.

게임을 할 때는 차례를 기다려야 한다는 것을 가르친다

형이 게임을 할 때면 옆에서 구경만 하던 츠바사가 어느 날 문득 자기도 게임을 하겠다며 큰애 손에서 조종기를 빼앗는 실력 행사에 나섰다. 처음에는 나도, "츠바사도 게임을 할 수 있구나. 대단한 걸! 큰애야, 가끔은 동생도 놀게 해줘야지." 하고 화를 내는 큰애를 달랬다.

그런데 곧 게임에 재미를 붙인 츠바사가 큰애에게서 조종기를 억지로 빼앗거나 큰애에게 양보하지 않으려 했다. 마침내 큰애도 참지 못해 츠바사와 다투기 시작했다. 이제 엄마가 나서야 할 차례가 된 것이다.

'나도 하고 싶다.'는 츠바사의 심정은 이해하지만 형과 싸우는 건 허용할 수 없었다. 또 큰애 친구가 가져온 게임을 츠바사가 독차지해서 큰애와 친구들이 제대로 놀지 못하는 경우까지 생겨버리자 대책을 강구해야 했다.

"삐삐삐"소리가 나면 츠바사 차례!

먼저 화이트보드에 '다음은 누구', '다음 다음은 누구' 하는 게임자 순서를 적는 방법이다. 지금 게임을 하고 있는 사람의 이름도 적고, 화살표를 곁들여서 츠바사 스스로 예측할 수 있게 차례를 알려준다.

다음은 주방용 타이머를 가져다가 15분을 맞췄다. 15분 미만이면 큰애나 츠바사나 충분히 즐겼다고 만족하기 힘들고, 15분 이상이면 츠바사가 얌전히 기다려주지 못할 거라고 내 나름대로 판단한 것이다.

"삐삐삐." 소리가 나면 내가 나서서 "형 차례야." 하고는 더 하고 싶어하는 츠바사를 말려서 형에게 양보하게 했다. 다시 15분이 지나서 "삐삐삐." 울리면 내 손에 잡혀 있던 츠바사의 손을 풀어주고 "이제는 츠바사 차례." 하고 교대하게 했다.

츠바사는 처음엔 규칙을 이해하지 못해서 거칠게 날뛰었지만 15분을 기다리면 다시 게임을 할 수 있다는 걸 알게 되자, 얌전히 차례를 기다렸다.

교대 연습도 매일 해야 한다

하지만 얼마 뒤, 츠바사는 다시 형과 게임기 쟁탈전을 벌이기 시작했다. 사정은 이랬다. 동아리 활동을 하지 않게 된 큰애는 일찍 집에 돌아와 츠바사가 어린이집에서 돌아오기 전에 게임을 충분히 즐겼다. 그러니 동생이 돌아온 뒤에 삼질나게 15분씩 교대하며 게임을 하지 않았다. 그러자 츠바사는 교대 없이 혼자서 게임하는 것을 당연시했다. 휴일에 형이 "나도 게임 좀 하자."고 요구해도 "안 돼!" 하며 거부했다.

화를 내는 큰애에게 나는 "츠바사는 교대 연습도 매일 해야 하는 아이야. 그렇지 않으면, 네가 게임을 못하게 돼." 하고 설명해 주었다. 그래서 큰애는 별로 하고 싶지 않은데도 교대 연습을 위해 매일 게임을 해야 했다. 자폐아는 뭐든 지속적으로 하는 것이 중요했다.

그래도 문제가 생겼다. 교대를 해도, "형아, 형아, 〈별의 커비〉 할래!" 하고 츠바사가 게임 소프트웨어를 멋대로 바꿔버렸기 때문이다. 그래서 큰애가 게임을 할 때는 '교대 시간', '누구 차례', '게임 이름'을 적은 종이를 보여줘 츠바사에게 '예고'했다. 교대 시간이 됐는데도 츠바사가 양보하지 않으면 아예 전원을 꺼버렸다. 멋대로 게임을 바꾸려고 할 때도 그랬다. 아예 게임을 못하게 한 것이다. 그런 과정을 몇 번 반복하고 나니까, '함부로 떼를 썼다가는 게임을 못한다.'는 걸 깨닫고 양보했다.

요즘은 시계를 놓고 "바늘이 여기까지 오면 끝."이라는 식으로 수준을 높였다. 이제 30분 정도는 기다릴 줄 알고, 시각화해서 보여주지 않고 말로 알려줘도 규칙을 잘 지킨다.

텔레비전 소리도
말하는 소리도 음량 조절

츠바사는 텔레비전 채널을 조작하면서 음량도 스스로 조절했다. 자기가 좋아하는 프로그램이나 노래를 터무니없이 큰 소리로 즐겼다. "너무 시끄러운데, 소리 좀 줄여줄래?" 하고 말해도 츠바사한테는 통하지 않았다. 츠바사가 소리를 높일 때마다 내가 얼른 다시 줄였다. 음량 전쟁이었다. 한 번 눈감아 주면 나쁜 버릇이 들 테니, 양보할 수 없었다.

음량 20!

음량을 조절하면 화면에 음량 숫자가 나타난다. 츠바사와 나는 음량 전쟁을 거듭하다가, 마침내 음량 20 정도에 타협했다. 츠바사는 말은 서툴지만 숫자나 표시는 잘 이해했다. "소리 좀 줄여!" 라고 하면 얼마나 줄이라는 건지 알아듣기 힘들지만, 숫자로 말하면 바로 이해했다.

그 뒤로는 츠바사가 음량을 슬쩍 올릴 때마다 내가 "음량 20!" 하고 말하면, 빙긋이 웃으며 20으로 내렸다. 츠바사도 자기가 싫어하는 소리가 나오면, "음량 0!" 하고 가족들에게 요구하곤 했다.

전철에서, 식당에서, 영화관에서도 음량 조절

그 후 텔레비전 음량 조절은 거리를 걸을 때, 전철 안, 영화관이나 식당 등 다양한 상황에서 도움이 되었다. 츠바사는 상황에 맞게 목소리 크기를 조절하지 못하는 아이라서 하고 싶은 말이 있으면 큰 소리로 말하곤 했다. 식당에서 "아아, 곰 냄새가 폴폴 나네! 빌어먹을 곰 자식!"(〈괴혼〉이라는 게임에 나오는 대사)이라고 말한 적도 있고, 버스 정류장에서 "당신을 좋아합니다. 당신을 정말 좋아합니다."(화장품 광고)라고 큰 소리로 말하기도 했다. 쓴웃음으로 넘길 때도 있지만 쥐 죽은 듯 조용한 영화관에서 츠바사의 큰 소리가 터지면 식은땀이 났다. 전철 안에서 큰 소리로 핸드폰 게임을 하는 것도 다른 사람들에게 이만저만한 폐가 아니었다.

그래서 "레스토랑에선 음량 5", "전철에선 음량 5", "영화관에선 음량 0" 하는 식으로 그때그때 다짐을 받고서야 외출했다.

"레스토랑에선 음량 5. 괜찮지?"

"싫어."

이렇게 반항할 때는 외출을 포기했다.

"좋아."라고 할 땐 나도 약속을 꼭 지켰다. 소리가 조금이라도 커지면 "음량 5."라고 지적했고, 그러면 곧 조용해졌다.

요즘 동네에 붙어 있는 방범 포스터에는 "낯선 사람에게 납치 당하는 위험 상황에 처할 경우, 있는 힘껏 소리치세요."라고 적혀 있다. 츠바사한테는 그럴 경우 음량 백만으로 "살려주세요!" 하고 목이 터져라 소리치라고 일러줬다. 츠바사는 그 말이 마음에 쏙 들었는지 그 포스터만 보면 얼굴이 환해진다. 어쩌면 속으로 '언젠가 음량 백만으로 소리를 질러봐야지.' 하고 다짐하고 있는지도 모르겠다.

가장 힘든 사람은
츠바사인지도 모른다

싫어하는 소리에 귀를 틀어막는 츠바사를 데리고 여기저기 거침없이 돌아다녔던 나. 울면서 거부하는 츠바사에게 바늘로 찌르는 듯 아프게 느껴지는 샤워기의 물줄기를 뿌려대던 나. “괜찮아, 하나도 무섭지 않아.” 나는 츠바사에게 늘 그렇게 말했다. 변명하자면, 나한테는 그것들이 정말로 아무렇지도 않은 일들이었기 때문이다.

그 뒤 츠바사의 강력한 거부반응을 겪으며 츠바사가 정말로 무서워했다는 것, 전혀 괜찮지 않았다는 것을 아프게 깨달았다. 츠바사의 거부반응이 부모나 주위 사람들에게는 골치 아픈 행동으로만 비춰지기 쉽지만, 실은 “모르겠어! 아프단 말이야!”, “힘들단 말이야!” 하는 츠바사의 의사 표현이었다.

자신을 이해하지 못한 엄마 때문에 고통스러웠을 츠바사. 츠바사와 살면서 힘들다고 느끼는 일들이 차차 줄어들고 있지만, 아직도 여전히 조금은 힘든 점들이 남아 있다. 그럴 때면, '가장 힘든 사람은 츠바사인지도 몰라.', '츠바사는 어떻게 느끼고 있을까?' 하고 상상하는 것으로 해결의 실마리를 찾을 때가 있다.

또 때론 엄마도 츠바사와 똑같이 감정을 가진 사람임을 츠바사가 깨달을 수 있도록 대응하기도 했다. 저마다 좋아하는 텔레비전 프로그램, 가고 싶은 장소, 듣고 싶은 소리가 따로 있다는 것을 알려줌으로써 말이다.

앞으로도 나와 츠바사는 서로 다른 느낌의 차이, 사회 문화의 차이를 이해하며 더 친밀하게 지낼 수 있는 방법을 찾아나갈 것이다.

외출 중에 힘든 일은 이렇게 해결!

집 밖으로 나가면 어려운 일들이 많다. 넘쳐나는 소음, 온갖 사물과 수많은 사람들은 감각이 과민한 츠바사에게 지나치게 자극적이다. 따라서 감당하기 힘든 일도 많다.
예기치 못한 사태, 상상도 못했던 일들이 벌어지곤 한다. 그때마다 부모들은 당황하고 지친다. 자폐아는 혼란스러운 상황을 끔찍이 싫어하고, 그런 상황에서 스트레스도 많이 받는다.
그런 츠바사를 위해 우리가 생각해낸 방법을 소개하겠다.

아기 우는 소리를 끔찍이 싫어하는 아이

우리 부부는 맞벌이라서 츠바사를 첫돌 이후부터 어린이집에 맡겼다. 츠바사는 아기 때 얌전했기 때문에, 설마 다른 아이를 때릴 거라고는 상상도 못했다. 처음에 츠바사는 우는 아이가 있으면 유난히 불안해하는 모습을 보였다고 한다. 다음은 츠바사가 세 살 때, 어린이집 알림장에 적혀 있던 내용이다.

> 방 안에서 "응애." 하고 우는 소리가 들리자 츠바사가 뒤로 넘어지며 울었습니다. 그리고 선생님에게 도움을 청하는 눈길을 보내서 얼른 달려가 안아주었습니다.

그 뒤부터 다른 아이를 깨물고 꼬집고 때리는 일이 시작되었다. 나는 이 집 저 집에 사과 전화를 해야 했고, 심한 경우 츠바사와 함께 다친 아이 집에 직접 사과하러 가기도 했다.

나는 어린이집에 상담을 신청했고, 어쩔 수 없이 다른 아이가 울기 시작하면 보조 선생님이 바로 츠바사를 데리고 원장실로 피하기로 했다.

아기 없는 곳은 없어

어린이집뿐만 아니라, 유원지, 슈퍼마켓, 식당 등 어디서나 우는 아이를 만날 수 있다. 나에게는 아무리 먼 데 있어도 아기들이 금방 눈에 띄었다. 유모차, 포대기, 차에 붙인 '아기가 타고 있어요.' 스티커 등, 심지어는 이웃에 사는 임신부를 만나도 이제는 조건반사로 몸을 움츠렸다. 한번은 아기띠를 발견하고 긴장했는데, 알고 보니 강아지를 안은 아기띠여서 맥이 빠진 적도 있다.

'아기 공포증'에 걸린 츠바사와 나는 아기를 피해서 사는 생활을 시작했다. 실수를 거듭하다보니 아기가 있을 확률이 낮은 장소와 시간대를 어느새 알게 되었다.

가게와 대형마트

요즘 젊은 엄마들은 작은 가게보다 대형마트를 애용한다. 그래서 우리는 거꾸로 작은 가게를 주로 이용하고 있다. 하지만 원하는 물건이 작은 가게에 없을 때에는 어쩔 수 없이 대형마트를 이용해야 한다. 그럴 때는 대낮과 저녁의 중간 시간대인 오후 2시 반쯤 간다. 이른 아침 시간이 제일 한산할 것 같지만, 더운 여름철에는 시원한 그 시간에 장을 보려는 주부들이 몰려 의외로 붐비기 쉽다. 대낮에는 점심거리를 사러 오는 사람들이 많아서 아기들도 많다. 저녁 시간은 세일 같은 이벤트가 잦아서 대낮보다 더 위험하다. 아이가 엄마에게 "이거 사줘!" 하고 떼쓰며 우는 모습이 흔히 보이는 시간이기 때문이다. 그리고 카트 안에 넣어 쓸 개인 장바구니를 마련해 가야 계산 후 다시 장바구니에 옮겨 담는 시간을 줄여서 장보기를 재빨리 끝낼 수 있다.

백화점

백화점도 우는 아이를 많이 볼 수 있는 곳이다. 쇼핑을 좋아하는 주부들이 모이는 장소이기 때문이다. 실은 나도 그런 주부 중 한 사람이었다. 이걸 살까, 저걸로 살까 하면서 물건을 고르느라 곁에서 지쳐가는 큰애는 안중에도 없었다. 그런 엄마를 따라다니느라 아이들은 대개 뚱한 표정으로 토라진다. 바겐세일 때는 더 말할 것도 없다. 쇼핑에 빠진 엄마를 놓쳐서 미아가 되는 아이들도 많다. 그래서 나는 백화점은 개점 직후에만 간다. 꼭 사야 할 것만 사서 바람같이 나오고, 바겐세일 때는 아예 가질 않는다.

다만 문도 열기 전에 도착하면 기다릴 줄 모르는 츠바사가 백화점 안으로 들어가겠다고 떼를 쓰기 때문에 주의해야 한다. 백화점에 갈 때에는 개점 시간 직후 도착하는 것을 목표로 집에서 출발하는 것이 좋다.

인터넷 쇼핑

여러 가게를 들러야 하는 경우라면 차라리 인터넷 쇼핑이 편하다. 물품은 늦어도 1주일 안에 배달되고, 여러 상점에서 가격 비교를 해보고 가장 저렴한 걸 구입할 수도 있다. 또 무거운 물건을 힘들게 들고 다닐 필요도 없다. 물론 아기 우는 소리를 걱정할 필요도 전혀 없다.

식당이나 여행

식당은 오전 11시 직후에 들어가서 붐비기 시작하기 전에 나와야 한다. 많은 사람들로 붐비는 식사 시간대에는 북적거리는 식당 안에서 아이가 아우성을 치든 울며 보채든 아랑곳하지 않는 엄마도 만날 수 있기 때문이다.

여행을 갈 때도 마찬가지이다. 고속도로 휴게소나 주차장에 대해서 인터넷으로 미리 조사해서 한적한 곳을 찾아둔다. 서비스가 좋은 곳은 대개 이용객이 많고 아기도 많다. 화장실과 자판기만 있는 한적한 곳에서 쉬는 것이 안전하다.

사전에 조사하고 계획을 세우는 생활

닥치는 대로 대응하던 생활은 이렇게 미리미리 조사하고 주도면밀하게 계획을 세운 뒤에 실천하는 생활로 점차 바뀌어갔다. 꼭 필요한 것, 정말로 필요한 것만을 몇 번씩 고민한 뒤에 선택함으로써 츠바사와 가족 모두가 스트레스를 받지 않도록 해나갔다. 사실 이렇게 생활해야 낭비도 없고 충실하게 사는 게 아닌가 싶다.

그러나 이렇게까지 해도 우는 아기와 마주칠 확률이 낮아질 뿐이지, 여전히 종종 길이나 전철 안에서 아기를 만나곤 한다. 그럴 때면 츠바사와 아기 사이에 내가 선다. 만에 하나 츠바사가 공격하려고 하면 곧바로 내가 몸으로 막기 위해서다.

요즘 츠바사는 편의점에 있는데 아기가 들어오면 먼저 가게를 나가 주차장에서 나를 기다린다. 들어가려고 하는 식당에 아기가 있으면 "다른 식당으로 가!" 하고 먼저 제안한다. 한참 먹고 있는데 옆자리에 아기를 동반한 일행이 들어와 앉은 적이 있다. 그리고 불행히도 그 아이가 울기 시작했다. 그러자 츠바사는 자기 몫을 얼른 먹고 밖으로 나갔다. 자신의 취약점을 알고 그런 상황에서 어떻게 행동해야 하는지를 체득한 것이다.

안전하게 길을 다니려면

많은 부모들이 아이가 기어다니면 일어서길 바라고, 일어서면 걷길 바란다고 한다. 하지만 나는 츠바사가 걷기 시작하면서 걱정이 커졌다. 츠바사는 흥미로운 대상이 눈에 띄면 총알처럼 뛰어갔다. 반짝이는 조명에 온갖 물건들이 넘쳐나는 백화점에 가면, 츠바사는 한층 자극을 받아 정신없이 뛰어다녔다. 나는 아이만 쫓아다니느라 쇼핑도 못하고 돌아오기 일쑤였다.

사폐아들은 사라면서 새로운 능력이 생겨도 제대로 다룰 줄 몰라 부모가 어려운 일을 겪기 쉽다. 그래서 그때마다 나는 아이와 함께 새로운 도전을 시도해야 했다.

밖에서는 손을 잡다!

외출을 하면 신경 써야 할 게 한두 가지가 아니다. 길 위가 온통 위험해 보이기 때문이다. 달리는 자동차나 자전거는 물론 교차로와 번잡한 도로를 아이와 걷는 건 쉽지 않다. 보통 아이들은 부모를 의식하기 때문에 부모가 멈추면 따라 멈춘다. 부모를 의식하지 못할 때에도 "멈춰." 하고 소리치면 멈춘다. 그러면서 자연스레 길을 걷는 요령을 익히는 것이다.

하지만 츠바사에게는 하나하나 꼭꼭 짚어서 가르쳐줘야 했다. 우선 사고 현장 그림을 보여주며 자동차나 오토바이가 얼마나 위험한지를 가르쳤다. 그리고 "자동차는 위험하니까 밖에 나가면 꼭 내 손을 잡아야 해." 하고 가르쳐서 외출하면 반드시 손을 잡았다. 그러면 갑자기 뛰어가는 일은 막을 수 있었다. 손을 놓으려고 하면, "자동차에 치인다. 아이, 무서워." 하고 말해주었다. 그러면 마지못해 손을 잡고 따라왔다.

자동차는 가운데, 사람은 가장자리!

딱 한 번, 대형마트에서 츠바사를 놓친 적이 있다. 남편은 내가 츠바사를 데리고 있을 거라고 믿었고, 나는 남편이 봐주고 있을 거라고 생각하며 각자 물건을 고르고 있었다. 그러다 두 사람이 얼굴을 마주쳤을 때, "츠바사는?" 둘이 허겁지겁 찾아보았지만 마트 안에는 없었다. 밖으로 나가보니 어느 아저씨가 츠바사의 손을

잡고 서 있었다. 물어보니 츠바사가 차로의 중앙차선을 따라 걷고 있었다고 했다. 보다 못한 그분이 데리고 나와서 무사할 수 있었다. 중앙차선을 따라 걷는 츠바사 때문에 운전자들은 또 얼마나 조마조마했을까?

운동회 때 운동장에 긋는 하얀 선, 보도를 표시하는 선, 길가에 그어놓은 선 등 츠바사는 그런 선을 따라 걷기를 아주 좋아했다. 중앙차선도 꽤 매력적으로 보였을 것이다.

그래서 도로 가장자리를 걸어야 한다고 가르치기로 했다.

"자동차는 크니까 도로 가운데, 사람은 가장자리."

주말에 산책을 나가면 차가 지나갈 때마다 주문처럼 반복했다. 또 아무 생각 없이 다니던 길도 가드레일이나 보도가 있는 길, 교통량이 적은 길 등 안전을 우선해서 선택했다.

요즘 츠바사는 도로 가장자리를 얌전히 걸을 줄 알고, 차량 소리가 들리면 멈춰 서서 지나갈 때까지 기다린다. 손을 놓고 걸어도 냅다 뛰거나 하지 않는다. 내가 뒤에 처지면 멈춰 서서 나를 기다려주기도 한다. 참 다행스런 일이다.

빨간 신호등을 보면
멈춰 서서 기다리기

"신호등은 누가 만든 규칙이야? 난 그딴 거 몰라!" 츠바사는 길을 걸을 때 신호등을 무시했다. 그냥 자신이 걷고 싶을 때는 빨간 신호등도 달려오는 차도 아랑곳하지 않고 걸었다. 기다리기 싫어하는 츠바사에게 신호등은 정말 극복하기 힘든 장애물이었다.

하지만 아이의 목숨이 달린 문제인 만큼 나도 양보할 수 없었다. 한번은 위험한 상황에서 그냥 길을 건너려는 아이의 행동에 놀라 나도 모르게 그만 츠바사의 뺨을 때린 적도 있다. 그런데 이 일이 있은 뒤, 츠바사는 오히려 그 교차로에만 가면 어김없이 분노발작을 일으키는 트라우마가 생기고 말았다.

산골마을에서 자란 남편은 마을에 처음으로 신호등이 생겼을 때 학교에서 모형 신호등을 설치하고 도로를 건너는 연습을 시켰다고 말했다. 나는 츠바사한테도 그런 연습이 필요할지 모르겠다는 생각이 들었다.

기다리는 동안 무얼 할까

아이에게 기다리는 연습을 시킬 때는 '기다리는 동안에 무얼 할까?'를 생각해둬야 한다. 고민 끝에 나는 아이가 빨간 신호등에 멈춰 서서 기다리는 동안 껌이나 사탕 같은 작은 간식들을 준비했다가 주기로 했다. 얌전히 기다리면 상이 주어진다는 것을 알려주는 것이다.

그리고 이때 부모가 반드시 명심해야 할 것은 신호를 무시하는 모습을 아이 앞에서 절대 보여선 안 된다는 것이다. 나도 가끔 차가 안 보이면 그냥 건너버릴까 하는 충동을 느낄 때가 있다. 하지만 내가 그런 모습을 보이면 츠바사도 다시 제멋대로 행동할 게 분명했다. 그래서 우리는 언제나 신호등 규칙을 엄격하게 지켰다.

새로운 문제에 부딪힐 때마다 새 규칙을 가르친다

신호등 없는 교차로에서도 안심해선 안 된다. 길을 건너기 전에 꼭 걸음을 멈추고 좌우를 확인할 것, 좁은 도로에서 자동차와 만나면 길가에 멈춰 서서 차가 다 지나가기를 기다릴 것 등을 패턴화하여 하나하나 꼼꼼하게 가르쳤다.

새 길을 다닐 때에는 그때마다 새 규칙을 가르치는 수밖에 없다. 위험하니까 밖에 나가지 말라고 할 것이 아니라, 밖에 나가서 위험을 피하는 방법을 가르쳐야 한다. 그래서 경험을 쌓는 것은 중요하고 꼭 필요한 일이다.

요즘에는 츠바사가 예전보다 규칙을 쉽게 익혀서 다행이다.

미용실에 가기 싫어하는 아이

어릴 때는 어디든 따라다녔던 츠바사가 점차 가고 싶어하는 곳과 가기 싫어하는 곳이 분명해지기 시작했다.

한번은 은행에 가야 하는데 츠바사가 안 가겠다고 하는 바람에, 팔을 잡아끌다시피 해서 간 적이 있다. 내 옷은 땀으로 흠뻑 젖었고, 주위의 차가운 시선을 느껴야 했다. 그 뒤로는 은행에 갈 일이 있으면, 나 혼자 갔다. 애써 츠바사를 데려갈 이유가 없었다.

하지만 츠바사가 아무리 끔찍하게 싫어해도 꼭 가야 할 곳이 있다. 미용실이 그중 하나였다.

직접 아이 머리를 자르다

자폐아는 여러 감각이 지나치게 예민하다. 츠바사도 예외가 아니다. 앞에서 말했듯이 손톱 깎기는 차차 할 수 있었지만, 미용실에 가서 머리를 자르는 일은 여간 힘든 게 아니었다. 어쩔 수 없이 나는 집에서 직접 츠바사의 머리를 자르기로 했다.

츠바사가 깊이 잠들었을 때, 머리 밑에 보자기를 깔고 머리와 몸을 이쪽저쪽으로 돌려가면서 잘라주었다. 하지만 얼마 자르지 못했는데 츠바사가 깨어난 날이 많았다. 마치 머리카락에도 신경이 있는 아이 같았다. 어쩔 수 없이 낮잠 자는 사이, 혹은 밤에 곤히 잠든 사이에 틈틈이 며칠을 두고 잘라야 했다.

그런데 츠바사가 초등학생이 되면서 나는 아이가 우스꽝스럽게 잘린 머리를 한 채 학교를 다니는 게 보기 좋지 않았다. 어떻게든 츠바사를 미용실에 데려가야 했다.

어느 날 일단 시도해보자는 생각으로 미용실에 갔다. 얌전히 머리를 자르면 상으로 껌을 주기로 약속도 했다. 그러나 결과는 참패였다. 아이가 가만히 앉아 있지를 못했다. 의자 위에서 연신 일어섰다 앉았다 하니 미용사가 가위를 들고 어쩔 줄 몰라 했다. "다시는 오지 마세요."라고 대놓고 말하지는 않았지만 표정은 그랬다. 역시 츠바사에게는 무리였다.

미용실에 견학을 가다

고심 끝에 나는 작전을 바꿔 츠바사에게 다른 사람이 머리를 자르는 모습을 보여주기로 했다. 그래서 큰애나 남편이 미용실에 갈 때마다 츠바사를 데려가서 견학을 시켰다.

"형아랑 아빠가 머리를 자르고 있네."

"형아, 얌전히 앉아 있네. 대단하지?"

"아빠, 멋지게 변했지?"

"츠바사도 이런 멋진 머리 하면 좋겠지?"

츠바사는 자기 머리를 자르는 것이 아니니 안심하고 지켜보았다. 그러다 싫증이 나면 미용실 근처를 돌아다니다가 집에 돌아오곤 했다.

몇 차례 미용실을 구경하고 온 뒤, 츠바사에게 미용실에 가서 머리를 자를 거라는 걸 미리 알려주었다. 미용사에게도 츠바사는 장애가 있어 차분히 기다리지 못한다는 것과 아기 우는 소리를 끔찍하게 싫어한다는 것을 미리 알려주고, 손님이 드문 토요일 오전의 첫 손님으로 예약해두었다.

그동안 견학한 보람이 있어선지, 츠바사는 미용사가 머리를 자르는데도 의자에 30분 정도 얌전히 앉아 있었다. 하지만 슬슬 심상치 않은 기미를 보이기 시작하더니, "이젠 싫어!" 하고 칭얼대기 시작했다.

"이제 그만 하셔도 돼요." 내가 조마조마한 심정으로 말했지만, 미용사는 "조금만 더 깎으면 됩니다."라며 계속 머리를 다듬었다.

츠바사가 거부 반응을 보이기 시작했는데도 30분을 더 공들여 머리 모양을 완성시켰다. 총 1시간쯤 걸린 셈이다. 물론 츠바사는 야단이 났다.

그 뒤로 그 미용실 앞을 지날 때, "미용실 갈까?" 하고 물으면 츠바사는 "안 가!" 하고 단호히 답했다.

미용실에서 30분을 참아내다!

연이은 실패로 나는 츠바사를 다시 미용실에 데려가려면 시간이 필요하다는 결론을 내렸다. 그렇게 잠시 잊고 있었는데 어느 날, 장애아 부모 모임에 갔다가, 미용실에서 있었던 일을 얘기하게 되었다. 내 얘기를 들은 부모들 중 한 명이 "우리 미용실에서는 어린이 커트를 20분 안에 마칩니다." 하는 게 아닌가? 당장 그 분께 츠바사의 머리를 맡기기로 했다. 다른 어머니들한테도 어떻게 하고 있느냐고 물었더니 모두들 이런저런 방법들을 궁리해 온 모양이었다. 잘 알고 지내는 미용사를 집에 불러 깎는다는 사람도 있었다.

나는 미용실에 가서 미용사에게 "최대한 30분 안에 끝낼 것. 도중에 아이가 분노발작을 일으키면 곧바로 중단할 것."을 특별히 부탁했다. 그리고 츠바사한테는 "시계 바늘이 8자(30분 후)를 가리킬 때까지만 자를 거야." 하고 시계를 보여주며 마음의 준비를 시켰다.

그 덕분인지 츠바사는 중간에 화장실에 가거나 다소 꼼지락거리기는 했지만 무사히 머리를 자를 수 있었다. 나는 한껏 칭찬해주고 상으로 주스를 사줬다.

그 뒤로 1년 정도는 얌전히 머리를 잘랐다. 그런데 얼마 전에 머리를 자르는 중에 츠바사가 난데없이, "바보자식, 넌 뇌가 있는 거야, 없는 거야!"(〈토이스토리〉의 대사)라고 중얼중얼 혼잣말을 한다든지, 예약해놨는데 "안 가!" 하고 거부하는 일이 있었다. 억지로 강요해서는 제대로 할 수 없는 일이라, 그럴 때는 취소할 수밖에 없었다.

잘해내면 칭찬하고 상을 준다

어째서 잘하던 일을 못하게 되었을까? 미용실 의자에 꾹 참고 앉아 있기는 했지만 그리 내키지는 않았을 것이다. 텔레비전 주말 프로그램도 보고 싶었을 테고, 하고 싶은 놀이도 많았을 것이다. 그래서 또 다른 방법을 고안했다.

"머리카락이 길면 눈을 찔러서 시력이 나빠져."

"미용실에 안 가는 사람은 게임 못하게 할 거야."

먼저 미용실에 안 가면 불이익이 있다는 것을 츠바사에게 알려주었다. 그리고 미용실에 다녀오면 주던 상을 캔 주스에서 회전초밥으로 한 단계 올려주었다. 츠바사도 미용실에 다녀온 상으로 초밥을 주는 것에 만족해하는 눈치였다. 츠바사한테 노력에 어울리는 포상으로 의욕을 북돋아준 것이다. 미용실 예약도 츠바사가 보고 싶어하는 텔레비전 프로그램 시간대와 겹치지 않게 잡아주었다.

끔찍하게 싫어하는 치과에는 어떻게 데려갈까?

츠바사가 여섯 살 나던 해였다. 외가로 가는 열차 안에서 츠바사가 내 손을 잡아끌어 자기 볼에 가져다 댔다. 그런 행동을 한 번이 아니라 자꾸 되풀이하고, 표정도 슬퍼 보였다. 아이가 왜 그러는지 의아해하며 지켜보는데 갑자기 츠바사가 내 손가락을 자기 입 안으로 집어넣으려고 했다.

나는 그제야 '아차!' 하고 감이 왔다. 충치 때문에 아팠던 것이다. 2, 3일 전부터 내가 양치질 마무리를 도와주면 싫어했던 기억이 났다. "이가 아파요."라고 말로 표현할 수 없었던 츠바사를 보며, 나는 안쓰러워서 눈물이 날 지경이었다.

"츠바사, 이가 아프니? 그럴 때는 '이가 아파요.'라고 말하렴."
츠바사는 새로운 상황이 벌어지면 그때마다 그 상황에 맞는 새로운 말을 배워야 한다. 이가 아플 때가 아니면 "이가 아프다."라는 말과 그 의미를 연결시킬 수가 없기 때문이다.

한 달이나 기다리라고?

급한대로 친정 동네에 있는 치과에 갔다. 그런데 그곳에서는 진찰조차 쉽지 않았다. 세 사람이 달려들어 츠바사를 움직이지 못하게 붙들고 가까스로 입 안을 살펴보았다. 물론 치료는 엄두도 못 냈다. 진통제를 처방받아 돌아왔는데, 츠바사는 처음 보는 알약이라 좀체 먹으려 하지를 않았다. 단 음식을 삼가고, 진정 효과를 위해 감기약을 먹고, 식사 후에는 꼭 양치질을 하는 정도가 고작이었다.

시골에서 올라오자마자 나는 우연히 알게 된 시내 보건소에 있는 장애아 전용 치과에 치료 신청을 했다. 그런데 예약이 많아 사흘 뒤 오전 중에나 가능하다고 했다. 게다가 그때를 놓치면 한 달을 기다려야 한다고 했다. 장애아들은 이가 아프면 일상생활에서도 분노발작을 일으키기 쉽다. 그런데 기다리라니! 화가 났지만, 달리 봐줄 곳이 마땅치 않아 아픈 아이를 달래며 참고 기다리는 수밖에 없었다.

마취로 재운 뒤에 치료

마침내 진료 당일, 이날은 남편이 츠바사를 데리고 치과에 갔다. 남편은 치과가 일본 최고 수준의 시설을 갖추었고, 의료진도 장애아에 대한 치료 경험과 지식이 풍부해서 놀랐다고 말했다.

첫 진료는 입 안을 살펴보고 치료 방침을 정하는 것이 전부였다. 하지만 진료 결과, 충치가 심각한 상태라 치료가 시급하다고 했다. 츠바사가 치료에 익숙해지도록 배려할 시간적 여유가 없다고 했다. 그래서 일주일 뒤 마취를 하고 치료를 시작하기로 했다.

이날 치과에서 돌아온 남편은 녹초가 되어 있었다. 간단한 진료였지만 츠바사는 두려움에 격렬히 저항했고, 진료 절차를 기다리는 시간이 너무 길었기 때문이다.

두 번째 치과 진료 때는 나도 따라갔다. 마취를 한다고 하니 걱정이 되었다. 츠바사는 이가 아프니 치료를 받을 수밖에 없다고 생각하는 눈치였다. 그래도 대기실에서 오래 기다리는 것까지는 힘들어했다. 또 치료 받는 아이들의 울음소리가 들려올 때가 많은 데다가 이를 갈아내는 금속음도 불쾌했다. 나는 휴대용 게임기와 헤드폰을 준비해 가서, 츠바사가 기다리는 동안 다른 일에 집중할 수 있도록 신경을 썼다.

하지만 막상 츠바사 차례가 되어 자신의 이름이 불리자 츠바사는 이내 주눅이 들어, "집에 갈래." 하고 말했다.

어쩔 수 없이 츠바사를 꼭 껴안고 진료실에 들어가 진료대에 눕혔다. 곧 세 사람이 달려들어 수건으로 덮고 그물을 씌워서 꼼짝 못하게 했다. 그물을 씌워놓고 치료하는 걸 처음 본 나는 마음이 약해졌다.

"오줌 마려워!" 하고 츠바사가 저항했다.

"그냥 눠도 괜찮아." 간호사도 물러서지 않았다.

마취주사를 놓고 본격적인 치료가 시작되었다. 우리 부부는 일회용 카메라로 치료 상황을 열심히 찍었다. 한 번으로 끝날 치료가 아니기 때문에 다음 치료를 대비하기 위한 준비가 필요했다.

치료 과정을 보여주자

다음 치료는 한 달 뒤로 예정되어 있었다. 나는 츠바사가 치료 과정을 보면서 이해할 수 있도록 지난 치료 때 찍은 사진들을 이용해 순서도를 만들었다. (① 양치질, ② 아~ 벌리기, ③ 마스크로 가리기, ④ 득득 사각사각, ⑤ 라이트를 비춰 점검, ⑥ 끝) 츠바사는 이가 아플 때마다 그 사진들을 보았다. 그리고 치료 과정을 무슨 주문처럼 외우고 다녔다.

치료 당일, 나는 의사와 상담하면서 순서도를 보여주며 가능한 이 순서대로 치료해달라고 부탁했다. 츠바사는 침대에 누울 때도 그물을 씌울 때도 얌전하게 응해서, 그날은 마취 없이 진정제만 투여하고 치료하기로 했다.

그런데 치료하는 중간 중간에 의사가 "이제 조금 남았다. 금방 끝나."라는 말을 몇 번이나 되풀이하는 것이다. 아니나 다를까 치료가 끝난 순간 츠바사는 울면서 의사한테 달려들었다. 나는 일단 츠바사를 진정시키고 난 뒤, 다음 치료 때는 곧 끝난다는 말은 딱 한 번만 하고, 치료 중에 끝난다는 말은 피해달라고 의사에게 부탁했다.

치료가 끝난 뒤 츠바사는 차 안에서 울었다. 우리는 아이가 차분해지기를 기다렸다가 집으로 돌아왔다.

싫어하는 장소에 가기 전, 점검해야 할 것

츠바사를 가기 싫어하는 곳에 데려가기 위해서는 출발 전에 다음과 같은 사항들을 다시 한번 점검했다.

1 정말로 가야 할 곳인지 잘 생각한다.

2 꼭 가야 할 이유를 알기 쉽게 설명해준다.

3 그곳에 가면 몇 시간 동안 참아야 하는지, 어떤 것을 참아야 하는지를 예상할 수 있게 해준다.

4 잘 참아낸 것에 대한 칭찬과 상을 준다.

특히 1이 중요하다. 굳이 아이를 데려갈 필요가 없다면 데려가지 마라. 2와 관련해서는, "머리카락이 길면 눈 앞을 가려서 게임할 때 귀찮잖아.", "치과에 가서 이에 붙어 있는 벌레들을 없애달라고 하자."라고 말했다. 충치는 달리 방법이 없으니 츠바사도 납득했다. 미용실의 경우는 머리카락이 눈 앞을 가리면 게임하기 힘들다고 설득했다. 3을 위해서는 "시계의 작은 바늘이 3자에 갈 때까지."라는 식으로 시간을 예측할 수 있게 해주거나, 치과에 가기 전에는 사진을 이용해 치료 순서나 내용을 알려주었다. 내용을 미리 알면 두려움이 줄어든다.

계획표로 일정을 알려주다

고집이 센 츠바사는 늘 자기가 하고 싶은 일만 하려고 해서 문제였다. 해결책을 찾던 우리 부부는 장애아 부모모임에서 들은 〈계획표 제시하기〉를 실천에 옮겨보았다. 이 방법은 특히 츠바사가 가기 싫어하는 곳을 데리고 가야 할 때 미리 알려주는 데 유용하게 활용했다.

나는 계획표에 츠바사가 가기 싫어하는 곳만 있는 것이 안쓰러워 가고 싶어하는 곳도 넣어 만들기로 했다. 그래서 일단 2주일짜리 계획표를 만들어보기로 했다. 2주에 한 번 정도라면 츠바사가 좋아하는 곳에 가는 것도 좋겠다 싶어서였다. 또 츠바사가 어디에 가고 싶다고 했을 때, "오늘은 안 간단다." 하는 대답은 절망적인 메시지가 되지만, "○월 ○일에 갈 거야."라고 하면 희망의 메시지가 될 수 있으니까.

계획표를 만들다

처음에는 화이트보드를 구입해서 전용 펜으로 계획표를 그렸다. 그러자 츠바사가 마음에 들지 않는 일정은 손으로 쓱쓱 문질러서 지워버렸다.

그래서 이번에는 쉽게 지울 수 없게 자석판에 작은 그림카드를 만들어 붙인 다음 화이트보드에 붙였다. 그러자 이번에는 츠바사가 맥도널드를 자꾸 오늘 항목에 붙여넣는 게 아닌가? 그렇다고 화이트보드를 츠바사 손이 닿지 않는 곳에 놓자니 계획표 내용이 잘 보이지 않을 것 같았다.

결국 계획표를 함부로 지우거나 바꾸지 못하게 컴퓨터를 이용해 만들기로 했다. 엑셀로 만드니까 디지털카메라, 클립아트, 인터넷에서 다운받은 자료 등을 마음껏 활용할 수 있어 좋았다. 나중에 스캐너까지 구입하자 더 편리해졌다.

처음에는 그렇게 '2주 계획표'를 만들었지만 2주일도 금방 흘러 금세 다음 계획표를 만들어야 했다. 그래서 결국은 '1개월 계획표'가 되었다.

그리고 일일 달력을 걸어놓아 오늘이 몇 월 며칠인지 잘 알 수 있게 해두었다. 하지만 내가 깜빡 잊고 일일 달력을 제때 안 뜯은 탓에 내내 2월 7일이었던 사건이 있고 난 뒤로는, 날짜가 표시되

2월 계획표

2월 3일(월)	2월 4일(화)	2월 5일(수)	2월 6일(목)	2월 7일(금)	2월 8일(토)	2월 9일(일)
어린이집, 게임	어린이집, 게임	어린이집, 게임	어린이집, 게임	어린이집, 게임	자전거, 맥도널드 / 저녁에 베이비시터	택시
2월 10일(월)	**2월 11일(화)**	**2월 12일(수)**	**2월 13일(목)**	**2월 14일(금)**	**2월 15일(토)**	**2월 16일(일)**
어린이집, 게임	자전거, 맥도널드	어린이집, 게임	어린이집, 게임	어린이집, 게임	아지사이관 가는 날	딸기농장 가기
2월 17일(월)	**2월 18일(화)**	**2월 19일(수)**	**2월 20일(목)**	**2월 21일(금)**	**2월 22일(토)**	**2월 23일(일)**
어린이집, 게임	어린이집, 게임	어린이집, 치치부 학원	어린이집, 게임	어린이집, 게임	자전거, 맥도널드	거대공룡 탐험관
2월 24일(월)	**2월 25일(화)**	**2월 26일(수)**	**2월 27일(목)**	**2월 28일(금)**	**3월 1일(토)**	**3월 2일(일)**
어린이집, 게임	어린이집, 게임	어린이집, 게임	어린이집, 게임	어린이집, 게임	자전거, 맥도널드	수영장, 목욕탕

는 전자시계를 구입했다.

이렇게 해서 츠바사가 가장 오래 자리를 지키는 게임기 옆 벽면에는 '월 계획표', '전자시계', '하루 계획표' 이렇게 세 가지가 나란히 자리잡게 되었다.

계획표도 계속 진화한다

이것으로 고민이 해결될 줄 알았는데 금세 또 어려운 일이 닥쳤다. 츠바사가 맥도널드에 가는 날이면 아침 6시부터 가자고 졸라댔던 것이다. "너무 일러." 하고 말하자 바닥에 벌렁 드러누워 울어버리기까지 했다. 학수고대했던 만큼 당장 가지 못하는 것에 대한 분노발작도 심했던 것이다.

그 뒤로 '며칠'뿐만 아니라 '몇 시'도 계획표에 써넣어야 했다. 우리는 계획표에 시계 그림으로 출발 시간을 표시해주었다. 그렇게 츠바사가 알고 싶어하는 사항이 늘어남에 따라 계획표도 점점 진화해갔다.

계획표대로 잘 실행되지 않을 때

계획표가 아무리 잘 짜여졌어도 지켜지지 않을 때가 있다. 이때는 다음 네 가지 경우를 생각해볼 수 있었다.

1 아이가 무엇을 해야 하는지 모를 때. 아이와 말이 통하지 않을 때는 카드에 그림을 그려서 무엇을 해야 하는지 알려주었다. 나이가 들어 말귀가 트이면서는 알기 쉽게 설명해주

면 잘 따라주었다.

2 무엇을 해야 하는지 알지만 하기 싫을 때. 츠바사는 아침에 세수하기를 싫어했다. 어릴 때는 젖은 수건으로 닦아주기도 했지만 점차 세수를 잘하면 상을 주는 방식으로 격려했다.

3 다른 일에 몰두해서. 특히 게임에 열중해서 일정을 지키지 못할 때가 자주 발생했다. 부드럽게 타이르지만 그래도 안 들으면 전원을 꺼버리기도 했다.

4 너무 하고 싶어서 기다릴 수 없을 때. 이때는 언제 할 수 있는지를 명확히 알려주거나 약속을 반드시 지켜서 신뢰감을 쌓았다.

일정 중에도 절대 양보하지 않고 습관을 들여야 할 것과 융통성 있게 대처할 일이 있다. 어디에 해당하는 일인지는 부모가 잘 헤아리는 것이 중요하다.

아이와 대화를 나눌 수 있기까지

츠바사의 마음속에도 당연히 '기쁘다', '싫다', '마음에 든다', '즐겁다' 같은 다양한 감정들이 있다. 나는 츠바사의 그런 마음들을 알고 싶었다. 츠바사와 대화를 나누고 싶은 마음이 간절했다. 그래서 내가 츠비사에게 이야기하고, 츠바사도 내게 하고 싶은 말을 할 수 있으려면 어떻게 해야 하는지를 내내 고민하며 살았다.

그 결과 마침내 우리는 대화를 나눌 수 있게 되었다. 그리고 덕분에 요즘처럼 안정된 생활이 가능해졌다.

이 장에서는 말을 통한 의사소통 능력을 어떻게 길렀는지에 대해 소개하겠다.

아이의 마음을 알고 싶다!
대화하고 싶다!

"츠바사가 메밀국수 먹고 싶어하는 거 아니니?"

친정어머니 말씀을 듣고 가만 보니, 츠바사가 옆에서 어른들이 메밀국수를 후루룩거리며 먹는 모습을 고개 돌려 유심히 쳐다보고 있었다. 생후 반년쯤 되어 한창 이유식을 먹을 때 일이었다.

'꼭 말이 아니어도 시선과 표정으로 마음을 알 수 있구나.' 하고 실감한 순간, 츠바사에게는 말로 표현하지 못하는 마음이 숨어 있다는 것을 깨달았다.

시선, 표정, 동작으로 마음을 읽는다

츠바사가 어린이집에서 다른 아이를 때린 적이 있다. 선생님은 내게, "친구는 아무 짓도 안 했는데 갑자기 츠바사가……."라고 말했다. 하지만 그건 갑작스런 일이 아니었다.

아이를 데리러 갔을 때 츠바사 모습을 보고 위험하다 싶어 내가 달랜 경우가 몇 번인가 있었다. 츠바사는 잘 놀다가도 싫어하는 소리가 들리면 처음엔 그쪽을 힐끔거렸다. 그 다음엔 점점 표정이 사나워지면서 하던 손놀림을 완전히 멈추고는 그쪽을 노려봤다. 그 정도에 이르면, 이미 폭발 직전의 상태인 것이다.

시선이나 표정을 보면 츠바사의 마음을 알 수 있다. 오랫동안 같이 살다보니 츠바사의 마음이 내 마음에 바로 전해졌다. 이제는 츠바사가 싫어하는 소리가 희미하게라도 들려오면 나도 눈빛이 날카로워진다.

반면에 기쁠 때나 즐거울 때면 츠바사 눈이 반짝반짝 빛난다. 또 간지럼을 타고 싶으면 내 손을 잡아 자기 옆구리에 갖다 댄다거나 이가 아플 때는 내 손가락을 제 입 안에 넣고 아픈 이를 만

지게 했다.

이렇게 동작으로도 츠바사의 마음을 알 수 있었다. 아장아장 걷기 시작한 뒤로는 갖고 싶은 것이 있으면 내 손을 잡아 그곳으로 끌고 갔다. 그곳이 냉장고라면 오렌지주스 같은 음료수를 마시고 싶다는 뜻이었다.

츠바사도 마찬가지였다. 내가 화장을 하면 츠바사는 얼른 현관으로 가서 구두를 신고 기다렸다. 이렇게 우리는 경험과 관찰을 통해 서로의 마음을 읽고 있었다.

하지만 츠바사에게는 말로 표현하지 못하는 마음이 있다. 츠바사의 마음을 알고 싶었다! 그래서 츠바사의 욕구들 하나하나에 이름을 붙여주고 차근차근 가르쳐가기로 했다.

츠바사와 이야기하고 싶다!

그즈음 어느 책에서 "고기능 자폐증을 가진 사람은 사람과 사람이 어떻게 대화하는지 이해하지 못한다."는 내용을 읽었다. 그래도 가끔씩 츠바사는 텔레비전 광고에 나오는 특정 문장을 흉내내 말하거나 노래를 부르곤 했다. 그럴 때면 그저 귀에 쏙쏙 들어온 리듬이나 멜로디를 마음속에 녹음해두었다가 재생하며 즐기는 데 불과한 것 같아 보였다.

그 책을 읽고 츠바사를 생각하니, 츠바사에겐 자신과 남을 이어주는 의사소통 방법으로의 언어문화가 기본적으로 없는 거구나, 하고 납득할 수 있었다. 그래도 나는 포기하지 않았다. '츠바사와 이야기하고 싶다!'는 것은 버릴 수 없는 강렬한 바람이었다.

앵무새도 사람이 "안녕하세요?"라고 말하면 "안녕하세요?" 하고 따라한다. 비록 앵무새처럼 입 모양을 흉내 내는 것에 불과할지라도 츠바사를 가르쳐보기로 했다. "어머니가 아이에게 자주 말을 걸어줘야 하는데, 그게 부족한 건 아닌가요?"라고 조언했던 의사도 있었다.

큰애는 말을 아주 일찍 시작해서 동갑내기 아기를 키우는 어머니들의 부러움을 샀을 정도였다. 그래서 츠바사를 키울 때도 큰애 때와 똑같이 했다. 하지만 비장애 아이를 대상으로 하는 육아법으로는 츠바사에게 언어를 가르칠 수 없었다. 육아서가 가르쳐주지 않는, 첫애 때와는 다른 '새로운 육아법', '새로운 언어훈련'을 찾아야 했다.

'코 톡톡'과 "자!"로 말을 끌어내다

츠바사가 노래를 곧잘 기억해서, 오페라나 뮤지컬처럼 노래로 대화하며 생활하는 건 어떨까를 진지하게 생각한 적도 있다. 그래서 양치질을 시키거나 잠옷을 갈아입힐 때 NHK의 〈엄마랑 함께〉에 나오는 양치질 노래나 잠옷 갈아입기 노래를 부르며 행동을 유도했다. 츠바사는 그 노래를 들으며 양치질을 하고 잠옷을 갈아입었다.

말을 하고 싶게 만들려면

언어 표현이 없는 아이를 둔 부모와는 참 어울리지 않게도(아니, 오히려 운명적이라고 해야 할까요?), 나는 초등학교 교사로 국어 표현에 대하여 연구하고 있었다(그때는 츠바사에게 장애가 있는 걸 받아들이지 못하고 업무로 도피했던 시절이다).

언어 표현이 서툰 아이를 지도할 때 가장 중요한 것은 아이가 말을 하고 싶게 만드는 화제와 교재를 만들어내는 일이다.

우리도 좋아하는 화제라면 더 이야기하고 싶은 마음이 들고, 반대로 나한테 흥미 없는 화제를 놓고 다른 사람들이 이야기꽃을 피우면 혼자 외톨이가 된 기분이 들지 않는가? 내가 일하는 직장에서도 '한류 붐'이 있었다. "어제 〈겨울연가〉 봤어?" 하고 묻는데, 나는 할 말이 없었다. 하지만 발달장애에 관해 이야기하는 사람이 있으면, 아무리 멀리서 이야기하고 있어도 얼른 다가가 대화에 끼곤 했다.

보기를 제시하다

다음으로 중요한 것은 '이야기의 틀'이다.

자기소개를 예로 들어보자. 새 학기 첫날, 아이들에게 "자기소개를 해봅시다."라고 말하면 아이들 대개가 얼굴을 붉히며 고개를 숙인다. 어떻게 이야기해야 좋을지 모르기 때문이다.

그럼 나는 "내 이름은 ○○○입니다. 나는 △△을 잘합니다. 앞으로 사이좋게 지내요."라고 이야기 틀을 짜서 칠판에 적어준다. 아이들은 ○○○이나 △△만 채우면 자기소개를 할 수 있으므로 안심한다.

어느 정도 틀을 짜서 보기를 제시해주면 아이들도 입을 뗄 수 있다. 그래도 입을 떼기 힘들어하는 아이가 있으면 그 아이가 말하고 싶은 것을 내가 상상해서 말로 표현해주고(칠판에 적어주는 것보다 좋을지도 모른다), "이거 맞지?" 하고 확인하며 "자, 시작." 하고 신호를 주면서 말을 시작하게 한다. 모기소리처럼 작은 소리로 말하면 내가 큰 소리로 반복해서 안심시켜준다.

이야기를 잘 마치면 "네, 참 잘했어요."라고 칭찬해준다. 성공체험을 거듭하면, 아이들도 '난 못해!' 하는 의식을 극복해간다.

이렇게 확인된 국어 표현 연구의 성과를 츠바사에게 적용해보기로 했다.

'크레인 현상'을 이용하다

츠바사가 특히 관심을 쏟는 건 '마실 것'이었다. 주스를 마시고 싶을 때면 츠바사는 내 손을 잡아끌고 냉장고로 갔다.

이것이 바로 자폐증 아동이 보이는 '크레인 현상'이라는 특수한 표현이다. 잡아끌고 있는 대상은 '나'라는 존재가 아니라, '내 손'만을 필요로 한다는 느낌이다. 마치 등이 가려울 때 사용하는 효자손처럼 말이다. 츠바사는 내 손이 냉장고에서 주스를 꺼내주기를 기대하는 것이다.

그래도 크레인 현상 덕분에 말로 표현되지 못하는 츠바사의 강한 의지를 알 수 있으니, 이것을 이용하지 않을 수가 없었다.

나는 츠바사의 마음을 읽고 "이렇게 말하는 거야." 하고 말로 천천히 정성스레 가르쳐주기로 했다. 마치 외국인에게 기초 일본어를 가르쳐주듯이 말이다.

다만, 외국인이라면 일본어를 모르더라도 내가 뭔가를 전하려고 애쓰면 '뭐라고 말하는 걸까?' 하며 집중해서 들어줄 것이다. 하지만 츠바사는 들어주지 않는다. 마음이 담긴 목소리를 마음이 담긴 목소리로 듣지 않고, 뭔가 의미가 있는 것을 의미가 있는 것으로 봐주지 않는다는 것, 이것이 핵심 문제였다. 그래서 츠바사가 냉장고를 향해 내 손을 잡아끌고 갈 때 다음과 같이 해보았다.

'코 톡톡'을 하고 나서 "이렇게 말하는 거야"

"**주스 주세요**, 자!" 하고 내가 말한다.

방점 부분을 말할 때는 한 음절 한 음절마다 츠바사의 코를 손가락으로 톡톡 두드린다.

여기서 '코 톡톡'은 "이 소리는 중요한 거니까 잘 들어. 그리고 따라해보렴." 하는 내 메시지다. 이것은 헤드폰을 쓰고 음악 듣기에 몰두한 사람에게 말을 건네는 것과 비슷한 방식인지도 모르겠다. 말을 걸어도 들어주지 않으면 "이봐, 내 말 좀 들어봐." 하며 어깨를 톡톡 두드리는 식 말이다.

방 안에는 텔레비전 소리, 고양이 소리, 아빠가 코 고는 소리 등 온갖 소리가 어지러이 오가고 있다. 츠바사는 이런 소리들 속에서 내 말소리를 들을까, 아빠의 코 고는 소리를 들을까?

츠바사가 듣는 소리는 대개 엄마가 들어주기를 원하는 소리와는 다른 것들이었다. 어린이집에서 친구나 선생님의 얘기는 듣지 않고 세탁기에 귀를 대고 작동음을 듣던 아이니까 말이다. 그런 츠바사의 의식을 내 말로 향하게 하기 위해 코를 톡톡 두드리는 것이다. 츠바사의 관심은 그제야 내 목소리로 향한다.

"자!"라고 하면 츠바사가 말할 차례

그런 다음 코를 살짝 두드리면서 츠바사가 잘 듣게끔 느리고 똑똑한 발음으로 말을 건넨다.

우리 집에서는 이것을 "코 톡톡."이라고 부른다. 맨 끝에 "자!"를 말할 때는 코를 두드리지 않는다. "자!"는 이야기를 끝낼 때나 츠바사가 말을 시작할 타이밍을 알려주는 신호이다.

영화를 보면 비행기와 관제탑이 무선으로 대화하는 장면이 종종 나오는데, 자기 할 말이 끝나면 "오버!" 하고 말하는 점이 눈에 띄었다. 꼭 그것처럼 짧고 낮게 "자!"라고 말하면 내 이야기가 끝났으니 이젠 네가 말할 차례라는 뜻으로 붙인 말이다. "자!"가 나오면 츠바사가 말할 차례가 되고 나는 기다리는 쪽이 된다.

마침내 "주스 주세요."라는 말을 하다

츠바사는 텔레비전 광고에 나오는 패턴화된 말투나 반복되는 문장은 금방 기억하고, 고장 난 테이프리코더처럼 그 구절을 아무 의미 없이 몇 번이고 되풀이한다. 이것은 자폐증 아동에게서 흔히 나타나는 '반향어'라고 하는 현상이다.

하루는 츠바사가 광고나 유행가를 흉내 내는 듯한 억양으로,

"주스 주세요." 하고 내 흉내를 내는 것이 아닌가. 온 가족이 정말 기뻐했다. 상으로 주스를 듬뿍 따라주었다.

언어는 마술이다. 아마 츠바사도 어떤 말을 하면 원하는 걸 얻을 수 있다는 사실을 알고는 깜짝 놀랐을 것이다.

츠바사는 주스를 마시고 싶을 때 나한테만 크레인 현상을 보이는 게 아니어서, 남편이나 할머니한테도 나와 똑같이 행동해달라고 부탁했다. 얼마 지나자 큰애도 어른들이 하는 걸 보고 배워서 츠바사에게 그렇게 대응하기 시작했다.

츠바사가 난생 처음 의미 있는 말을 한마디 얻은 때였다.

좋아하는 것을 보여주며 이름을 가르치다

나는 첫 번째 성공에 용기를 얻고 난 후, 다음에 가르칠 말을 생각하기 시작했다. 그러나 츠바사에게 말을 가르치기 위해서는 먼저 극복해야 할 가장 큰 문제점이 있었다. 그건 바로 츠바사가 들어주기 바라는 소리를 듣지 않는다는 점이었다.

시각에서도 같은 문제가 있었다. 이쪽을 봐주었으면 좋겠는데 츠바사가 순순히 봐주질 않았다. "여기 봐! 여기 봐!" 하고 말해도 애초에 츠바사는 '보다'라는 말의 뜻을 모르니 소용없었다.

손가락으로 가리켜도 봤지만 효과가 없었다. 내 의도에 전혀 반응해주질 않았다. 츠바사가 뭔가를 유심히 쳐다보면 바로 그 순간에 그 사물의 이름을 가르쳐줘야 하는데…….

츠바사가 뚫어져라 쳐다보는 것이라면, 사과가 있었다! 사과는 츠바사가 아주 좋아하는 과일이었다.

겨울이 되면 고향에서 사과를 상자째로 보내왔다. 손이 닿는 곳에 두면 츠바사는 껍질도 벗기지 않고 그냥 먹어치웠다. 내가 사과 껍질을 벗겨 식탁 위에 그냥 놔두면 어느 새 없어져버렸다. 형과 함께 츠바사가 그 사과 껍질까지 아삭아삭 씹어 먹었다. 사과라면 얼마든지 있으니, 사과를 이용하면 매일 언어훈련을 할 수 있겠다 싶었다.

사과로 시작해서 차차 다른 과일 이름으로

사과를 눈앞에 내밀면 츠바사가 뚫어져라 쳐다본다.

"**사과 주세요**, 자!" 하고 내가 말한다(방점은 코 톡톡).

"사과 주세요." 하고 츠바사가 말하면 사과를 먹게 해준다.

주스의 경우와 마찬가지로 이때도 제대로 말을 하면 상을 받을 수 있으니, 츠바사에게는 말을 할 동기부여가 되었다. '사과'는 비교적 금방 익혔다. 그래서 '바나나', '귤', '포도' 등으로 잇달아 연결해서 주변에 있는 흔한 과일 이름들을 익혀나갔다.

과일 다음에는 '간장', '밥', '감자' 등, 츠바사는 자기가 좋아하는 것들을 잇달아 배웠다. 그 과정에서 '사물에는 저마다 이름이 있구나.'라고 츠바사도 조금씩 깨달아갔다. 이렇게 츠바사는 많은 낱말을 배웠다.

아이에게 건네는 말은 패턴화하여 반복한다

식탁에 올라간 걸 보고 꾸중하는 방식도 "츠바사!"(화난 목소리), "내려와!"(화난 목소리), "식탁에 올라가면 못써!"(화난 목소리) 등 다양하다. 공통점은 화를 내고 있다는 것이다. 당시 츠바사는 보통 사람들과 달리 예의범절을 익히지 못해서, 나를 비롯한 주변 사람들은 "○○은 안 돼요."를 입에 달고 살았다.

하지만 츠바사 입장에서는 '식탁에 올라가면 안 된다.'는 걸 모를 뿐만 아니라 말도 통하지 않으니, 이유는 모르지만 상대가 화를 내고 있구나 하는 느낌만 받았을 것이다.

이런 행동을 하면 이런 말을 듣는다

남편과 의논한 결과, 몇몇 특정 상황에서는 츠바사에게 건네는 말을 최대한 패턴화해서 반복해보자는 방침을 세웠다. 예를 들어 츠바사가 식탁 위에 올라가면, "식탁 위에 올라가면 안 돼요."라고 반복해서 말하는 것이다. 패턴화된 말은 츠바사에게 잘 전달되는 것 같았다. 나중에는 일부러 식탁 위에 올라가 기대에 찬 얼굴로 우릴 쳐다보았다.

"식탁 위에 올라가면 안 돼요."라고 말해주니 츠바사가 큰 소리로 웃었다. 예절을 가르칠 수는 없었지만, '이런 행동을 하면 이런 말을 듣는다.'라는 패턴을 깨우쳐주는 데는 성공한 것 같았다. 그것이 맨 처음 '말하기 놀이'였다. 사물과 말(그 사물의 이름)을 연관 짓는 것에서 상황과 말을 연관 짓는 것으로 발전한 것이다.

언어와 동작으로 "잘했어!"

"안 돼."는 잘못된 행동을 부정적으로 평가하는 말이다. 하지만 츠바사는 차차 과제학습에 열중하고 화장실을 이용할 줄도 알게 되는 등, 치료 교육의 성과로 적절한 행동을 할 줄 알게 되었다. 그러자 그런 적절한 행동을 긍정적으로 평가해주는 말인 "잘했어!"를 가르쳐서 츠바사의 의욕을 북돋아주고 싶었다.

"잘했이!"는 칭찬의 말이다. 하지만 츠바사는 칭찬의 말을 이해하지 못했기 때문에 자기가 지금 칭찬받고 있다는 것도 몰랐다. 그래서 오른팔을 굽혀 들며 주먹을 꼭 쥐어 보이는 동작과 함께

최대한 크게 웃으며, “잘했어!” 하고 말해주기로 했다.

배변 훈련을 할 때 츠바사가 잘해내면 이걸 반복했다. 물론 동작도 곁들였다. 언어와 동작으로 되풀이해서 칭찬해주자, 츠바사도 “잘했어!”의 의미를 알게 되었다. “잘했어!”가 칭찬의 말이란 것을 알게 된 것이다. 그리고 “잘했어!”라는 말은 츠바사의 의욕을 북돋아주었다.

인사로 언어 반응을 훈련하다

지금까지는 츠바사가 자신이 원하는 바를 내게 전하거나 내가 내 생각을 츠바사에게 전하는, '일방통행식 의사 전달'에 대해 설명했다. 이제부터는 이쪽에서 던지면 저쪽에서 받아서 되던지는 캐치볼 같은 '언어 주고받기'에 대해서 설명하겠다.

언어 주고받기와 관련해서 처음 가르친 것은 인사였다. 인사는 상대가 "안녕." 하면 나도 "안녕." 하고 대답하고, "반갑습니다." 하면 역시 "반갑습니다." 하고 대답하면 되기 때문에 쉽게 배울 수 있다. '코 톡톡 - 자!' 규칙을 이용해 츠바사는 많은 말을 익혔다. 그때 츠바사는 마치 코를 톡톡 두드리면 말하는 인형 같았다.

'코 톡톡'으로 "안녕하세요"를 연습하다

"안녕하세요."라는 말은 인사 중에서도 가장 많이 쓰는 말이다.

그래서 먼저 "안녕하세요."부터 시작했다. 아침에 내가 '코 톡톡'을 해주면 츠바사는 나와 남편과 큰애에게 "안녕하세요." 하고 반응했다. 어린이집에서 선생님을 만나도 내가 '코 톡톡'을 해주면 "안녕하세요." 하고 인사했다. 이렇게 하면 친구나 친구의 어머니들에게도 인사를 건넸다. '코 톡톡'으로 "안녕하세요." 하고 대답하는 연습도 했다.

그러던 어느 날 아침, 내가 아직 이불 속에 누워 있는데 츠바사가 "안녕하세요." 하며 먼저 인사를 했다. 내가 '코 톡톡'을 하지도 않았는데 말이다. 나는 깜짝 놀랐다. 그리고 대답을 해줘야 한다는 생각에 냉큼, "안녕하세요." 하고 대답했다. 내 대답에 츠바사가 방긋방긋 웃었다.

인사는 그저 인사일 뿐이라고 생각하던 나는 그 순간 인사란 마음과 마음의 만남임을 깨달았다. 츠바사의 마음을 들여다본 것 같았다. 학교에서는 교사로 "안녕하세요.", "감사합니다.", "실례합니다.", "미안합니다."라는 인사를 아낌없이 주고받자는 운동을 벌이면서도 정작 나 자신은 얼마나 틀에 박힌 인사만 하고 살았나 하고 반성했다. 츠바사의 인사에는 내 인사보다 몇 배나 더 많은 마음이 담겨 있었다. 단순해 보이지만 인사가 실은 아주 중요하고 진실할 수 있는 것임을 느낀 날이었다.

그 후 츠바사는 인사를 건네는 범위를 어린이집 선생님, 친구

등으로 확대해갔다. 츠바사의 인사에는 '당신을 아주 좋아합니다. 만나서 반갑습니다.' 하는 진실되고 따뜻한 메시지가 깃들어 있다. 츠바사의 인사를 받은 사람은 큰 행운을 누린 셈이다.

"안녕"의 마음, "안녕히 주무세요"의 마음

헤어지는 인사 "안녕."은 어린이집에서 데리고 돌아올 때 연습시킬 수 있었다. 츠바사는 자기가 좋아하는 선생님이나 친구에게 "안녕." 하고 인사했다. 츠바사의 "안녕."이란 말에는 '오늘 하루 고마웠어요. 건강하게 내일 다시 만나요.'라는 마음이 담겨 있다.

"다녀오겠습니다."와 "다녀오세요."는 지금도 헷갈려 한다. 상황에 따라 달라지는 인사말이 아직은 어려운 모양이다. 잘못 말할 때마다 다시 제대로 말해주지만, 너무 엄격하게 가르치지는 않는다.

요즘 츠바사의 "엄마, 안녕히 주무세요."는 '엄마는 저리 가서 자면 좋겠어요.'라는 뜻인 것 같다. 그림책을 읽어주다가 어느새 함께 잠들어버리던 시절이 그립다.

'질문에 답하기' 훈련을 하다

다음으로 '질문에 답하기'를 훈련하기로 했다. 친척들은 만나면 어김없이 츠바사에게 이름과 나이를 물었다. 그건 흉내 내기로는 대처할 수 없는 상황이기 때문에 조금 난이도가 높은 셈이었다. 상대방이 던지는 질문 유형을 인지하고 거기에 어울리는 답을 익혀서 말할 수 있도록 가르쳐야 했다(나는 이것을 '유아 초급 회화 I' 이라고 이름 붙였다).

츠바사가 말해야 하는 부분은 '코 톡톡'으로 가르친다

"이름이 뭐예요?"라고 물었을 때 츠바사가 "이름이 뭐예요?"라고 앵무새처럼 따라 하기만 하면 곤란하다. 그래서 '이건 츠바사가 아니라 상대방의 말'이라는 것을 알려줄 방법을 찾았다.

“**이름이 뭐예요**?” 하고 내 코를 내 손으로 톡톡 두드린다.

‘이것은 엄마의 말이야.’라는 표시이다.

“**츠바사**, 자!” 하고 이번엔 츠바사의 코를 톡톡 두드린다.

‘이번엔 츠바사가 말할 차례야.’라는 표시이다.

“츠바사.”라고 츠바사가 말한다.

“**몇 살이에요**?” 하고는 내가 내 코를 톡톡 두드린다.

‘이건 엄마 말이란다.’라는 표시이다.

“**여섯 살**. 자!” 하고 이번엔 츠바사의 코를 톡톡 두드려준다.

‘이번엔 츠바사가 말할 차례란다.’라는 표시이다.

“여섯 살.”이라고 츠바사가 말한다.

처음에는 욕실에서 연습했다. 게임이나 텔레비전, 장난감을 가지고 놀 때는 본 척도 않지만, 목욕 시간은 츠바사의 집중력이 내게 쏠릴 수 있는 귀중한 시간이었다. 수십 번 반복하다보니 츠바사도 패턴을 익혔다. 일단 익히고 나면 ‘코 톡톡’ 없이도 응답할 수 있었다.

문답을 즐기는 힘을 키운다

지금도 잊지 못하는 것이 츠바사가 여섯 살 나던 해 겨울, 아오모리의 친정집에 갔을 때 일이다. 츠바사가 불쑥, "이름이 뭐예요?" 하고 내게 묻는 게 아닌가? "도모코." 나는 당황하며 대답했다. 츠바사가 다시, "몇 살이에요?" 하고 물었다. "서른세 살." 내가 답했다.

항상 질문을 받기만 하던 츠바사가 반대로 질문을 던지며 즐거워하다니! 인사를 받아야 같이 인사하고, 질문을 받아야 대답해주는 아이. 그렇게 수동적인 존재로만 츠바사를 바라봤던 나. 츠바사에게 질문하고 대답하기를 즐길 줄 아는 힘이 자라고 있었다. 츠바사는 내 예측을 빠르게 뛰어넘고 있었다.

휴일 아침, 내가 늦잠을 자면 츠바사가 다가와 말을 건넨다.

츠바사　　안녕하세요?

엄마　　안녕하세요?

츠바사　　아침밥!

엄마　　배고프니?

츠바사　　배고파.

엄마　　무엇을 먹을까?

츠바사　　찹쌀떡.

인사 ⇨ 요구 ⇨ 질문에 대한 답변, 대단하지 않은가?

카드 학습으로 어휘 늘리기

이제 어휘를 늘리기 위해 카드로 사물과 그것을 표현하는 낱말을 연결시키는 훈련을 시작했다. 카드의 종류에는 〈음식 카드〉, 〈탈것 카드〉, 〈과일과 채소 카드〉, 〈도로 표지판 카드〉, 〈가게 카드〉, 〈생활도구 카드〉, 〈달력 카드〉 등이 있었다.

먼저 츠바사가 제일 흥미를 보이는 〈탈것 카드〉부터 시작했다. 카드를 한 장씩 넘겨가며 "이건 뭘까?" 하고 물었다. 대답을 잘하면 "딩동댕!" 하며 기뻐해주었다. 제대로 대답하지 못할 때나 틀린 답을 말하면 '코 톡톡'으로 정답을 가르쳐주고 "자!"라고 해서 따라 말하게 했다. 2주쯤 지나자, 〈탈것 카드〉를 다 기억했다.

접시를 보고 "반찬"이라고?

그런데 낱말 카드를 공부하면서 츠바사가 낱말을 잘못 기억하

는 경우도 많았다. 예컨대 접시를 '반찬', 밥그릇을 '밥', 카메라를 '자, 치즈.'라고 부르곤 했다. 평소에 츠바사가 어떤 것을 집중해서 보고 있을 때 내가 무슨 말을 하면 그 말을 고스란히 기억했던 모양이다. 나는 반찬 접시를 츠바사 앞에 내밀며 "반찬."이라 하고, 밥을 담은 그릇을 내밀며 "밥."이라고 말했었다.

츠바사가 접시를 "반찬."이라고 말할 때는 "접시예요."라고 정확히 알려주고 다시 말하게 했다. 그렇게 매일 되풀이하여 잘못된 기억을 바로잡아주었다.

카드 학습으로 지식 세계가 넓어졌다!

카드 학습을 하고 나니 어휘뿐만 아니라, 지식 세계도 넓어졌다. 예를 들어 〈음식 카드〉를 하고 나면 내가 만들어주는 음식들을 알아보았다. 또 음식을 이것저것 다양하게 먹고 싶은 마음이 생기는지, 전에는 먹지 않던 만두를 먹었다. 〈가게 카드〉를 하고 난 뒤에는 거리를 걸을 때마다 "세탁소다!", "슈퍼마켓!", "빵집이다!", "쌀집이다!" 하며 같이 간판을 관찰하며 즐거워했다. 〈달력 카드〉를 하고 난 뒤에는 자기 생일을 표시하고, 생일 카드를 신기한 듯 바라보았다.

신날 때 "신난다."는 말을 가르친다

츠바사가 무엇을 생각하고 있는지는 시선이나 표정을 보면 얼추 예상할 수 있었다. 하지만 츠바사가 무표정할 때는 어떤 마음인지 짐작이 가지 않아서 궁금했다.

맛있을 때는 "맛있다."

그래서 먹는 모습을 보면 금방 알 수 있는 "맛있다."부터 가르치기로 했다. 예를 들어 츠바사가 아주 좋아하는 초밥을 맛있게 먹고 나면 다음과 같이 했다.

"**초밥, 맛있어요**?" 하고 내가 내 코를 톡톡 두드린다.
그리고 "**초밥, 맛있어요**." 하고는 츠바사의 코를 톡톡 두드려 따라 말하게 한다.

처음에는 뭘 하라는 건지 이해하지 못했던 츠바사도 그 과정을 반복하는 가운데 점차 '초밥 = 맛있다', '치즈 = 맛있다', 등을 경험하며 '맛있다'는 느낌과 "맛있다."는 말을 연결 지어나갔다.

츠바사는 편식이 심해서 아침과 저녁 밥상에는 츠바사가 좋아하는 반찬 하나를 꼭 올려줘야 했기 때문에, "맛있어요."는 하루 두 번 연습할 수 있었다.

재미날 때는 "재미있다."

큰애와 잡기놀이를 하고 난 뒤에는,

"**잡기놀이, 재미있어요**?" 하고 내가 내 코를 톡톡 두드린다.
"**재미있어요**. 자!" 하고 츠바사의 코를 톡톡 두드려주어 따라 말하게 한다.

이것을 반복하자 츠바사는 '아, 이것이 "재밌다."는 것이로구나.' 하고 차차 깨달아갔다. 이렇게 해서 '재미있다', '슬프다', '싫다', '기쁘다' 등 츠바사의 마음속 감정에 낱말을 붙여나갔다.

요즘 츠바사는 "재미있다.", "싫다.", "좋아한다.", "싫어한다." 정도는 자주 말한다. 다른 감정들에 대해서는 누가 질문하면 대답해주는 정도다. 그래도 이제는 내가 막연히 츠바사의 감정을 상상하는 것이 아니라, 츠바사가 자기 감정을 말해주니 안심이 되었다.

몸이 아플 때는 아프다고 말할 수 있도록 가르친다

예전의 츠바사는 이가 아파도 "아파."라고 말할 수 없었다. 그래서 "이가 아파요. 자!" 하며 말을 가르쳤다. 몸 상태를 표현하는 것은 매우 중요하다. 병에 걸렸을 때도 어디가 어떻게 아픈지 말할 수 없으면 대책 없이 시간만 보내야 하기 때문이다. 그래서 열이 나고 맥이 없을 때 "열이 난다."를 가르쳤다.

하루는 어린이집에서 전화가 와서 츠바사의 상태가 좋지 않다고 알려줬다. "열, 기침." 하고 선생님에게 호소했다고 한다. 얼른 달려가 보니 다행히 열도 없고 기침도 하지 않았다. 하지만 맥없이 늘어져 있었고, 집에 돌아와서는 토까지 하며 상태가 더 나빠졌다. "몸이 안 좋아."라고 말할 수 없으니, 자기가 아는 병명을 이것저것 말해서 어떻게든 몸 상태가 안 좋다는 걸 알리려고 했던 것이다.

말은 쳐다보면서 하는 거야

츠바사가 여섯 살 나던 해 여름, 내 얼굴을 보지도 않은 채 "주스." 하고 말하는 것을 발견했다. 츠바사 입장에서는 "주스."라고 말하면 마법처럼 하늘에서 주스가 내려오는 걸로 느꼈을 것이다. 어휘가 늘었다고 안심하던 나는 난데없이 발목을 잡힌 심정이었다. 뭔가를 요구할 때는 상대를 쳐다보며 말해야 하는데, 츠바사의 말은 허공을 향해 있었다.

엄마와 아빠가 힘을 합쳐 가르치다

그때부터 누구에게 말하는 건지 분명히 하기 위한 연습에 들어갔다. 방법은 생각보다 간단했다.

"**주스 주세요**." 하고 츠바사가 말해도 내가 못 들은 척한다. 그때 아빠가 와서 츠바사의 손을 잡아 내 어깨를 톡톡 두드리고는, 누구에게 이야기하는 건지 알 수 있도록 "엄마."라고 이름을 넣어 말한다.

"**엄마, 주스 주세요**."

그러면 츠바사도 따라 말한다.

"**엄마, 주스 주세요**."

"엄마한테 말한 거구나. 알았어." 하고는 내가 주스를 따라준다.

또 츠바사가 "목말!" 하고 말해도 모른 척했다. 이번에는 내가 츠바사의 손을 잡아 아빠를 톡톡 두드려 부른 뒤에, "아빠, 목말 태워주세요." 하고 부탁했다. 츠바사가 제대로 따라하면 목말을 태워줬다.

친구 이름을 익히고, 눈 맞추기를 잘하게 되다!

이런 방법으로 '말을 할 때는 상대방을 쳐다봐야 하는 거구나.' 하고 상대를 의식하는 태도가 싹트자, 츠바사도 늦게나마 사람은 저마다 이름이 있다는 사실을 깨달아갔다. 어린이집 친구와 선생님의 이름도 차차 익히게 되었다.

하루는 츠바사가 어린이집의 한 친구 이름을 기억해주자 친구가 기뻐하며, "내 이름 알고 있었어?" 하고 물었다고 한다. 지금까지 장난감 자동차를 일렬로 늘어놓고 혼자서만 놀던 츠바사가 "다로."라고 자기 이름을 바르게 불러준 것이 좋았던 모양이다. 그 뒤로 츠바사가 시치미를 떼는 얼굴로 "하나코."라고 다른 아이의 이름으로 부르면, "츠바사, 아니잖아!" 하며 모두들 웃곤 했다. 그게 하나의 놀이가 돼서, 이제 츠바사는 이름을 가지고 또래 친구들과 대화를 즐겼다. 그리고 이름을 부르면 그 사람이 자기를 쳐다봐준다는 것도 깨달았다. 덕분에 남들과 눈 맞출 기회도 많아졌다.

"그리고?" "어느 쪽?"으로 하루 생활 점검하기

감정을 표현하는 어휘 '재미있다.'를 익혔을 즈음에는, 어린이집에서 아이를 데려올 때 츠바사에게 "재미있었어요?" 하고 물어서 하루를 점검했다. 알림장을 보면서 츠바사가 즐겁게 했던 것들을 확인하면서 말이다.

"그리고?" 하고 물어보기

엄마　　어린이집 재미있었어요?
츠바사　어린이집 재미있었어요.
엄마　　수영장 재미있었어요?
츠바사　수영장 재미있었어요.

여기서 "그리고?" 하고 물어보자는 생각이 스쳤다.

엄마　　그리고?

츠바사　(잠시 생각하고 나서) 점심밥 재미있었어요.

엄마　　(내가 놀라면서) 그리고?

츠바사　(또 잠시 생각하고) 낮잠, 재미있었어요.

엄마　　(더욱 놀라며) 그리고?

츠바사　(역시 잠시 생각하고) 간식, 재미있었어요.

"그리고?"라는 말은 계획표를 설명할 때 사용했는데, 츠바사의 마음에 어느새 단단히 뿌리내렸다는 것을 발견했다.

"어느 쪽?" 하고 물어보기

하루는 문득 "어느 쪽?" 하고 물어보자는 생각이 떠올랐다.

엄마　오늘 어린이집에서 울었다, 안 울었다, 어느 쪽?

츠바사　울었다.

엄마　싸움, 치통, 어느 쪽?

츠바사　싸움.

엄마　다케시랑 싸움, 리카짱과 싸움, 어느 쪽?

츠바사　리카짱과 싸움.

엄마　꼬집었다, 물었다, 어느 쪽?

츠바사　꼬집었다.

대답을 선택할 수 있게 되자, 츠바사도 말하기가 편한지 척척 대답했다. 덕분에 지금까지 몰랐던 어린이집 생활이나 츠바사가 좋아하는 것, 싫어하는 것을 더 많이 알 수 있었다. 또 츠바사와 마음의 거리도 한층 가깝게 느껴졌다.

요즘 "그리고?", "어느 쪽?"이란 질문은 내가 곁에 없는 동안 츠바사가 어떻게 지냈는지를 알아내는 중요한 말이 되었다.

한 낱말에서 두 낱말, 세 낱말로 늘려가기

어떤 책에서 "익힌 낱말이 50개를 넘어서면, 두 낱말이나 세 낱말로 구성된 문장이 자연히 늘어난다."는 글을 읽은 적이 있다.

자기 감정을 표현하는 것은 한 낱말 **"아프다.", "귀엽다."**
질문에 답하는 것은 두 낱말 **"어린이집, 재미있었다."**
뭔가를 요구할 때는 세 낱말 **"엄마, 깨소금 뿌려주세요."**

하지만 츠바사는 어휘가 늘어도 패턴화된 문장 유형에서 벗어나지 못했기 때문에 세 낱말 이상 쓰지 못했다. 그래서 다음과 같은 것을 고안해냈다.

1 서술어로 쓰이는 형용사, 동사 등의 어휘를 카드로 가르쳐서 늘려간다.

2 나의, 엄마의, 아빠의, 형의, 등 소유격을 가르친다.

3 한 낱말로 말하면 두세 낱말로 적절히 바꿔 말하게 한다.

'많다'와 '적다', 형용사를 가르치다

형용사 카드는 대비를 통해 배울 수 있었다. 이를테면 싱글벙글 웃으며 진수성찬을 먹는 아이 그림이 '많다'이고, 접시에 조금밖에 없어서 아쉬운 얼굴의 아이 그림이 '적다'였다. 동사도 '달리다', '걷다', '헤엄치다' 등을 그림으로 이해할 수 있었다.

고미 타로의 그림책 《단어도감》 시리즈도 읽어주었다. 그 책은 '어머니'라는 말이 소개된 부분을 펼치면 좌우 양쪽 펼침 면으로 다양한 표정을 짓고 있는 어머니 그림이 16개나 그려져 있다. '힘센 어머니', '바쁜 어머니', '잔소리하는 어머니', '엄한 어머니', '쌀쌀맞은 어머니' 등으로 말이다. 자기 전에 그 그림들을 하나하나 손가락으로 짚어가며 읽어주었다. 츠바사가 많이 웃는 것을 보니, 이 시간을 즐거워하는 게 느껴졌다.

'아빠의 가방', 소유격 어휘를 가르치다

소유격을 가르칠 때는 우리 가족의 가방을 이용했다. 평소 눈에 익은 물건일 뿐만 아니라, 츠바사의 것은 노란 어린이집 가방, 큰 애 것은 까만 책가방, 남편 것은 회색 서류 가방, 내 것은 귀여운 꽃무늬 가방 등으로 각기 형태나 크기, 색깔이 다 다르고 뚜렷해서 구분이 쉬웠기 때문이다.

각각의 가방들을 일회용 카메라로 찍어서 '츠바사의 가방', '형의 가방', '아빠의 가방', '엄마의 가방' 카드를 만들었다. 그리고 다른 카드 학습과 마찬가지로 한 장씩 보여주며, "누구의 가방입니까?" 하고 묻고, "엄마의 가방." 하고 대답하게 가르쳤다.

한 낱말로 말하면 세 낱말로 바꿔 말하도록

"깨소금!" 하고 츠바사가 요구하면 나는, "듬뿍, 조금, 어느 쪽?" 하고 다시 물었다. 그러면 츠바사가, "깨소금 듬뿍 뿌려주세요." 하고 바꿔 말했다.

"장화 어디 있어요?" 하고 물으면, "엄마의 장화?" 하고 반문했다. 그러면 "츠바사의 장화 어디 있어요?" 하고 바꿔 말했다.

이렇게 해나가자, "게임!" 하고 말하던 것이 "마리오 게임 하게 해주세요."라고 차츰 변해갔다.

오, 츠바사가 스스로 말을 익히려고 하네!

하루는 츠바사가 배운 적이 없는 말을 하는 걸 우연히 들었다. "잠깐!", "나중에." 이건 내가 자주 하는 말인데! "몰라."는 큰애의 입버릇이고! 어느 사이엔가 츠바사는 부모, 형제, 선생님, 친구들이 하는 말, 그리고 텔레비전 등에서 들은 말들을 장면과 상황에 맞춰 구사하고 있었다.

'코 톡톡'이나 카드 없이도 낱말을 익히기 시작한 츠바사. 말을 흉내 내고 싶어하고, 스스로 상황과 말을 연결 짓는 츠바사. 내가 가르치지 않아도 말을 익힐 수 있게 되다니! 힘겨운 장벽 하나를 넘은 기분이었다.

다음은 츠바사가 말한 문장들이다.

어린이집에서 1박 2일 동안 있을 때 집에 빨리 돌아가고 싶어지자,

“엄마가 이제 곧 데리러 오려나.”

벌레에 쏘여 할머니가 금귤을 문질러주려고 하자,

“할머니, 모르는 척해주세요.”

잠잘 때 캄캄한 것이 무서워 꼬마전구를 켜주었으면 할 때,

“엄마, 석양을 만들어주세요.”

얼마 전에는 이런 말도 했다.

“엄마, 2층에서 ‘록맨에그제 4 레드선’ 게임 찾아보자.”

같이 찾다가 정말로 발견해서 츠바사도 나도 방긋 웃었다.

요즘은 한 낱말이나 두 낱말밖에 말하지 못해 고민하던 시절이 꼭 거짓말 같다. 만약에 츠바사가 말을 배우지 못했다면, 자기 생각을 표현하지 못해 지금도 발작을 일으키고 있을지 모른다. 전하고 싶은 생각을 말로 표현할 수 있다는 것은 참으로 중요한 것임을 새삼 깨닫는다. 말을 가르치려고 발버둥치던 시절이 뇌리를 스친다. 돌아보면, 징밀이지 언어가 얼마나 소중한지 절감한다.

혼자서 화장실을 사용할 수 있기까지

츠바사에게 화장실이란 미지의 대상이었다. 화장실 사용법은 직접 시범을 보여주면서 가르쳤다. 물론 실패의 연속이었다. 그렇다고 화를 내거나 한탄하는 일은 없었다. "츠바사, 다음엔 변기에 눠주면 좋겠어." 하며 끈기 있게 유도하고 부드럽게 대꾸했다.

어쩌다 한 번이라도 성공하면 다 이룬 거나 마찬가지였다. 칭찬과 상으로 성공체험을 안겨주고, 이런 체험을 되풀이하도록 이끌었다.

이제부터 츠바사가 혼자서 화장실을 사용할 수 있게 되기까지의 기나긴 여정을 소개하겠다.

혼자서 소변을 보기까지

큰애를 키울 때는 화장실 사용을 위해 특별한 연습을 시킨 적이 없다. 그 문제로 애를 먹지도 않았고, 그냥 아이가 자라면서 자연스럽게 기저귀를 뗐다.

큰애는 첫돌 때부터 어린이집에 다녔다. 그 어린이집에서는 기저귀 차는 아이들은 선생님의 지도 아래, 한 명 두 명 기저귀를 떼어서 두 돌 반이 될 즈음에는 모두 화장실을 사용했다. 그런데 큰애와 같은 어린이집에 다닌 츠바사는 유일하게 기저귀를 떼지 못했다. 결국 내가 직접 화장실 사용법을 가르치기로 마음먹었다. 그 당시 알림장을 보니, 내가 메모한 글이 눈에 띄었다.

어제는 츠바사에게 "귤." 하고 말했더니, 츠바사가 "귤." 하며 받아 쥐었습니다. 최소한의 의사소통은 가능한 상태이니, 화장실 사용법을 가르쳐볼까 합니다.

아직은 많이 부족하지만 츠바사가 의사소통이 가능해졌다는 점도 그런 결정을 하게 된 계기 중 하나였다. 육아서에도 "의사소통이 가능해지면 배변 훈련을 시작하라."고 적혀 있어, 그 영향도 받았던 모양이다.

미키마우스가 그려진 새 아기 변기

가장 먼저 준비한 것은 훈련용의 두꺼운 면바지와 큰애가 잠깐 사용했던 아기 변기였다. 지금까지는 종이기저귀를 사용했지만, 그날은 아침에 대변을 보고 난 뒤에 배변 훈련용 바지로 갈아입혔다. 종이기저귀는 오줌을 눠도 가벼운 느낌이지만, 훈련용 바지는 젖으면 묵직하게 처지는 느낌이 있다. 그 언짢은 느낌이 싫어서라도 화장실에서 소변을 보게 만들기 위함이었다.

배변 훈련은 주로 내가 직장을 쉬는 날에 했다. 막상 시작해보니, 소변을 보라고 아무리 권해도 츠바사가 좀체 변기에 앉질 않았다. 형이 물려준 아기 변기가 마음에 들지 않았나, 하는 생각에 새 변기를 구입했다. 미키마우스가 그려진 귀여운 변기는 형이 쓰던 것보다 가격도 두 배나 비쌌지만 가게에서 그걸 발견한 순간, '이거라면 여기에 앉고 싶어할지도…….' 하는 마음에 덜컥 샀다. 하지만 아무 소용없었다. 육아서나 유아 잡지에 나오는 배변 훈련법은 하나같이 다 실패, 츠바사와 맞는 방법을 찾을 수가 없었다.

변기에 10초 동안 앉아 있으면 상 주기!

결국 츠바사를 관찰하며 내가 직접 배변 훈련법을 고안해보기로 했다. 앞에 나온 의사소통 항목에서도 썼지만, 국어 연구 수업을 할 때 쓰는 방법인 '실태 ⇨ 과제 분석 ⇨ 순서 ⇨ 실행'의 과정을 여기에도 적용했다.

츠바사를 관찰한 결과, 두 가지를 알게 되었다. 첫째는 변기에 걸터앉는다는 새로운 요구에 저항감이 있다는 것, 그리고 둘째는 외출할 때 만일을 위해 종이기저귀로 갈아입히면 기다렸다는 듯이 종이기저귀에 소변을 본다는 것이다. 2년 반의 기저귀 생활에 단단히 길이 든 모양이었다. '소변은 기저귀에 보는 것'에서 '소변은 변기에 보는 것'으로 인식을 바꿔야 했다.

첫 번째 과제는 변기에 앉히기. 말 그대로 앉히기만 하는 것부터 방법을 궁리했다. 완력을 써서 억지로 앉히면 분노발작을 일으킬 것이고, 그렇다고 말로 설명한들 이해하지 못할 게 뻔했다. 그래서 시범을 보여주기로 했다. 시범자가 먼저 변기에 앉아 보이고 나서 츠바사에게 권했다. 싫다는 큰애에게 용돈을 주면서 조교로 삼았다.

형의 시범처럼 츠바사가 변기에 10초쯤 앉아 있으면 상을 주었다. 상은 작은 별사탕, 그것도 딱 한 알. 식사에 지장을 주지 않기 위해서였다. 반짝반짝 빛나고 알록달록한 별사탕은 평소에 츠바사가 아주 좋아하는 간식이었다. 막상 해보니 츠바사는 '변기에 10초쯤 앉아 있으면 별사탕을 먹을 수 있다.'는 새롭고 재미난 규칙에 금세 적응했다. 물론 별사탕의 힘만은 아니고 내가 요란하게 칭찬하고 기뻐한 것도 약간은 도움이 된 듯하다. 그렇게 '시범 보이기 ⇨ 권하기 ⇨ 칭찬하기' 순서로 훈련한 결과, 변기에 대한 저항감은 거의 사라졌다.

화내지 말고 칭찬하면서 이끌기

다음 과제는 '소변은 기저귀에 보는 것'이라는 츠바사의 인식을 '소변은 변기에 보는 것'으로 바꾸는 것이었다.

츠바사는 주위 사람들이 자기에게 무엇을 기대하는지 모른다. 나도 제대로 전하지 못했다. 이것이 츠바사를 키우면서 가장 힘든 점이다. 어쩌다 한 번 우연히라도 성공할 때 상과 칭찬을 듬뿍 받고, 그걸 반복하다보면 츠바사도 자기가 어떤 기대를 받고 있는지 이해할 수 있을 텐데……. 궁리 끝에 한 시간마다 바지와 팬티를 내리고 변기에 10초 동안 앉혔다. 그때마다 소변이 나오든 안 나오든 별사탕 한 알을 주었다. 하지만 대부분 소변을 보지 않았다.

외출은 소변 시간 사이에만 했다. 종이기저귀를 채워줘야 소변을 보는 버릇을 봉쇄하려는 의도에서였다. '실행'은 실패의 연속이었다. 츠바사가 훈련용 바지를 푹 적시고 나서 "오줌." 하며 척척해서 불쾌하니 어떻게 좀 해달라고 내게 다가오면, 욕실로 데려가 엉덩이를 씻어주었다. 수건으로만 닦아주면 엉덩이가 벌겋게 부르텄기 때문이다. 큰애를 키울 때 이랬다면 아마도 화를 냈을 것이다. 하지만 말하는 것도 쉽지 않은 츠바사에게는 "츠바사, 오줌 눴다고 말해주다니 대단한 걸." 하고 칭찬해주었다. 무척 어려울 거라고 각오했기 때문에, 그 정도에서 맥이 빠지진 않았다.

육아 잡지에서 본 바로는, 배변 훈련 중에 아이에게 화를 내면 트라우마가 생기거나 용변을 너무 참아 배뇨장애가 생긴다고 한다. 일단 거부하기 시작하면 도저히 방법이 없는 쇠고집 츠바사이니 조심하지 않으면 안 되었다.

스스로 "오줌!"이라고 알릴 수 있게 유도하기

소변을 보도록 유도하며 실패를 거듭하다보니 소변을 보는 간격이 세 시간에서 네 시간이란 걸 알게 되었다. 그래서 한 시간마다 권하던 것을 세 시간이 지나면 권하기로 바꿔보았다. 하지만 네 시간이 지나 소변이 방광에 가득 찼을 텐데도 츠바사는 변기에 앉아 소변을 보지 않았다.

"문화가 다른 외국의 화장실을 쓰면 용변을 제대로 보지 못한다."는 어느 여배우의 얘기를 텔레비전에서 봤는데, 츠바사도 그런 걸까? 변기에 앉기만 하면 나오려던 것도 멎어버리는 모양이었다. 변기가 안 되면 훈련용 바지에 눠버리는 것이 낫겠다 싶어 훈련용 바지를 입혀주자, 소변을 쫄쫄쫄……. 어린이집 선생님으로부터 "찬물을 끼얹어주면 좋다."는 이야기를 듣고, 하루는 츠바사가 변기에 앉아 있을 때 고추에 찬물을 조금 끼얹어주었다. 그러자 찬물에 자극을 받았는지 소변이 나왔다. 나는 뛸 듯이 기뻤다.

내가 츠바사의 변기 사용에 크게 기뻐하자, 츠바사도 깨달은 게 있었는지 변기에서 소변보는 일이 점점 많아졌다. 집에서 변기에 할 수 있게 되자, 어린이집에서도 몇 번인가 성공했다.

3개월이나 지나자 츠바사가 "오줌!" 하고 먼저 말하게 되었고, 그럴 때 내가 바지를 내리고 변기에 앉혀주면 정말 소변을 보았다. 정말이지 꿈만 같았다.

그러나 모든 것이 뜻대로만 되지는 않았다. 성공과 실패를 오락가락했다. 성공했다 싶으면 실패하는 일련의 과정이 되풀이되자 나 역시 맥이 빠졌다.

츠바사가 "오줌!" 해서 얼른 바지를 내려주는 사이에 실례를 한다거나 소변이 내 몸에 날아온 적도 있었다. 노느라 정신없을 때에도 그냥 실례해버리는 일이 잦았는데, 그럴 때면 나도 모르게 화가 치밀어 올랐지만 꾹 참았다.

배변 훈련을 시작하고 처음 맞는 여름방학은 훈련을 재점검하기에 좋은 시기였다. 츠바사도 '오줌 ⇨ 변기'라는 인식까지는 했는데, 왜 변기 사용에 실패하는 걸까? 자세히 살펴보니, 게임이나 텔레비전에 열중했을 때에는 아슬아슬한 상태까지 참다가 그만 실례해버리는 것 같았다. 그래서 쉽게 소변을 보게 할 방법을 고안했다. 팬티 없이 긴 티셔츠만 원피스처럼 입히는 것이다. 이렇게 하면 바지나 팬티를 벗기는 동작을 생략하고, 바로 소변을 볼 수 있었다.

츠바사가 2층에 올라가면 나도 2층으로 가고, 츠바사가 1층으로 내려가면 나도 1층으로 내려갔다. 변기, 엄마, 츠바사가 늘 같이 움직였다. 같이 놀자고 했더니 거부하기에, 나는 츠바사 옆에서 조용히 책을 읽었다.

이렇게 하자 아슬아슬한 상태까지 참는 츠바사를 상대로 재빨리 대응할 수 있었다. 성공하면 별사탕, 이것은 해오던 대로 했다. 실패하면 츠바사와 함께 소변을 닦아내는 것으로, 자기가 실수하면 번거로운 일이 생긴다는 것을 가르쳤다.

이런 방법을 강구하자 변기 사용에 다시 성공했다. 내가 묻지 않아도 스스로 변기에 앉아 소변을 본 적도 있다. 하지만 내가 통화 중이거나 잠깐 화장실에 있는 사이에 실례해버린 적도 있다. 혼자서 배변 훈련을 시키는 것은 이래서 어렵다. 누가 대신 이 문제를 해결해주면 얼마나 좋을까?

여행길에도 변기 지참

여름이 끝나 팬티와 바지를 다시 입혔지만, 바지는 금세 벗길 수 있는 것으로 입혀 실패를 줄였다. 얼마 동안은 계속 성공했지만, 늘 성공하지는 못했다. 여름에는 대부분 성공했지만, 10월경에는 내내 실패했다.

다시 그 이유를 찾아보았다. 관찰 결과, 옷에 소변을 보면 욕실에서 엉덩이를 닦인 다음에 물놀이를 했는데, 그 물놀이를 좋아하는 게 원인이었다. 그래서 젖은 수건으로 엉덩이를 씻어주는 것으로 바꿔서 가까스로 해결했다.

모처럼 츠바사가 변기에 앉아 소변을 볼 수 있게 된 뒤로는 친정에 갈 때나 여행을 갈 때면 꼭 아기 변기를 지참했다. 일단 기저귀로 돌아가면 변기로 되돌아오는 데 몇 개월은 걸릴 듯 싶어서였다. 변기, 츠바사, 엄마는 어딜 가든 늘 함께했다.

아기 변기에서 화장실로

이제 변기에 소변보기는 문제없어졌다. 그래서 다음으로 화장실 사용법 훈련으로 넘어갔다.

우선, 발판과 아동용 변기 시트가 같이 있는 양변기를 집 화장실에 설치했다. 어린이집에는 아기 변기가 없고 화장실에 같은 유형의 변기만 있어서 그런지, 이번에는 츠바사가 어렵지 않게 해냈다. 화장실 사용에 익숙해지고 나니 외출해서 소변을 봐야 할 때도 걱정할 일이 없었다. 하지만 외출할 때는 화장실이 어디 있는지 미리 알아두어야 했다. 아슬아슬한 상태까지 참고 있다가 갑자기 "오줌!" 하고 말하곤 했기 때문이다.

대변을 화장실에서 보기까지

소변보기 훈련은 성공적으로 일단락되었다. 그 다음엔 슬슬 대변보기 훈련에 들어갈 차례였다. 그때까지는 밤에 자서 아침에 일어날 때까지는 종이기저귀를 채우고, 아침 식사 뒤에 종이기저귀에 대변을 보는 리듬이었다. 계속 그렇게 지낼 수도 있었지만, 내 입장에선 큰애부터 치면 벌써 8년 동안 대변 뒤처리를 해온 터라 이젠 제발 그 일에서 해방되고 싶다는 마음이 간절했다.

치료 교육을 도와주는 선생님이 "고기능 자폐아 중에는 스무 살이 되도록 기저귀를 차는 사람도 있어요."라고 말해준 것도 계기가 되었다. 자폐아는 뭐든 일단 습관이 되면 그것을 버리기가 힘들다. 츠바사도 마찬가지였다. '대변은 기저귀에 보는 것'으로 인식하는 기간이 길어질수록 배변 훈련이 어려워질 것 같았다. '소변보기에 성공했으니 대변보기도 성공할 수 있을 거야!'라고 믿으며 대변보기 훈련에 들어갔다.

변의를 느끼는 기미가 보이면 즉시 변기로 데려가기

그나마 다행이었던 건 츠바사는 대개 아침 식사 뒤에 대변을 보는 정해진 리듬이 있었다. 좋아하는 음식이 밥, 빵, 면, 감자처럼 탄수화물과 섬유질이 많은 것이어서 그랬던 것 같다. 설사나 변비가 잦았다면 힘들었을 것이다. 참고로 말하면, 배변은 음식으로 조금은 조절이 가능하다. 변비면 우유나 귤을 먹이고, 설사일 때는 고기류나 섬유질이 많은 음식이 좋다.

츠바사의 배변 리듬에 맞춰, 아침 식사가 끝나면 바로 화장실로 유도했다. 그런데 츠바사가 전혀 따르려고 하지 않았다. 그래서 다시 등장한 것이 아기 변기. 츠바사로서는 혼란스러웠을 것이다. '아기 변기에서 화장실로 발전한 게 언젠데 왜 다시 아기 변기를?' 하는 생각이 들었을 것이다.

지금 생각해보면 소변보기 훈련 다음에 바로 대변보기 훈련을 하고, 그 뒤에 화장실로 넘어갔으면 더 매끄러웠을지 모르겠다 싶다. 하지만 이제와 후회해봐야 소용없는 일이다. 그때는 혼란스럽더라도 변기로 돌아갔다. 3년 8개월까지 '대변은 종이기저귀에 보는 것'으로 알고 있던 츠바사에게, 이 훈련은 소변보기 훈련 이상으로 어려웠다. 처음에는 종이기저귀를 채운 채 변기에 앉히고 배에 힘을 주게 했다. 배에 힘주라는 뜻을 전달하기도 쉽지 않았다.

내가 츠바사 눈앞에서 "끄응!" 하고 배에 힘주는 시늉을 해도 츠바사는 시치미만 떼고 앉아 있었다.

나오지 않으면 나올 때까지 기다리자 마음먹고, 대변이 나올 것 같은 기미를 보인다 싶으면 즉시 변기에 앉히기로 했다. 변의를 느낀 순간부터 변이 나올 때까지는 얼마간 시간이 있게 마련이니까, 그 사이에 변기에 앉힐 수만 있다면 과제는 거의 다 끝난 거나 마찬가지일 텐데……. 그래서 츠바사가 변의를 느끼는 기미와 배에 힘주는 모습을 관찰해보기로 했다. 관찰하다보니 츠바사가 변의를 느끼는 징조를 알아챌 수 있었다. 변의를 느끼면 우선 서 있는 자세에 변화가 나타났다. 그 순간이 되면 손도 발도 움직임을 멈추고 변의에 집중하는 모습을 보였다. 내내 흥얼거리던 콧노래나 광고방송 흉내 같은 행동들도 딱 멈췄다. 배에 힘을 주는 것까지 알아챌 수 있게 되면 거의 다 해결된 건데……. 그 기미를 포착해서 츠바사를 재빨리 변기에 앉혔다. 하지만 막상 앉히면 변의가 싹 사라지는지, 정작 중요한 것이 나오지 않았다.

커튼 뒤에 숨어서 슬쩍

그런 일이 거듭되면서 변기에 앉는 것이 싫었는지, 츠바사는 내가 볼 수 없도록 커튼 뒤에 숨어서 살짝 볼일을 마쳐버렸다. 하지만 그걸 눈치챈 뒤로는 츠바사가 커튼 뒤로 들어가기만 하면, "응가는 변기에!" 하고 다시 유도했다. 하지만 앉히고 나면 역시 또 배설을 하지 못했다.

소변을 훈련할 기회는 하루에도 몇 번이나 있지만, 대변은 하루에 한 번뿐이다. 아예 없는 날도 있다. 그러자 하루에 몇 번이고 지도할 수 있었던 소변 훈련 시기가 그리워졌다. 시행착오를 거치면서, 시간적 여유가 더 있는 방학에 좀 더 노력해보기로 했다. 소변보기 훈련이 거의 완성된 것이 여름방학 이후 반년쯤 지났을 때였다. 그 다음 봄방학 때부터 본격적으로 대변 훈련을 했다.

다시 노팬티 생활로 돌아가다

왜 변기에만 앉으면 대변을 못 보는 걸까? 또다시 과제 분석에 들어갔다. 첫 번째 문제는 그동안 츠바사가 늘 서서 배에 힘을 줘왔기 때문에 변기에 앉아 힘주는 것에 이질감을 느낀 게 아닐까, 하고 짐작해봤다.

내 경우도 양식 변기에 익숙해서 전통 변기에는 이질감을 느끼고, 비데가 없으면 불편해한다. 아이들 사정도 마찬가지다. 학교 화장실이 익숙하지 않아서 학교에서는 절대로 용변을 보지 않는다는 아이가 해마다 몇 명씩 나오니까 말이다.

츠바사가 서서 대변을 보는 건 물론 곤란한 일이지만, 내 경우나 다른 아이들도 버릇 고치기가 힘들다는 점을 고려하면 츠바사가 자기 버릇을 고집하는 것도 어쩔 수 없는 일이구나 싶었다. 그리고 그런 버릇을 바꾸기가 얼마나 어려운지도 새삼 실감했다.

일단 소변보기 훈련에서 썼던 방법을 대변보기 훈련에서도 써보기로 했다. 다시 별사탕과 새 레저시트(기모 면이나 방수포 등으로 만든 야외용 돗자리의 일종), 변기에 버려도 되는 물티슈, 원피스(남자아이임에도 불구하고), 그리고 아기 변기가 등장했다.

츠바사의 배변 시간은 식사 직후였다. 대변 기미가 느껴지면 바로 아기 변기에 앉히기로 하고, 그 동작을 3초 이내에 끝내는 걸 목표로 잡았다. 그래서 소변 훈련 때 효과를 보았던 노팬티 생활로 돌아갔다. 하지만 여름과 달리 날씨가 쌀쌀해져서 티셔츠 한 장만 입혀놓을 수는 없었다. 두꺼운 원피스로 추위를 막아주니, 엉덩이도 가려지고 보기에도 무난했다. 그리고 레저시트는 만일의 사태를 대비해 츠바사 곁에 깔아두었다. 실수했을 경우에 소변 때보다 일이 더 커졌기 때문이다.

좀처럼 아기 변기에 앉아주지 않다

막상 해보니 츠바사도 곤혹스런 모양이었다. 츠바사 입장에서 볼 때 대변은 서서 종이기저귀에 보는 것인데, 종이기저귀가 없으니 그간의 배변 리듬이 무너지고 만 것이다. 배뇨나 배변 장애에 빠질 만큼 고집이 센 아이도 있다고 하던데……. 츠바사는 그 정도까진 아니었지만 그래도 상태를 잘 살피면서 진행해야 했다.

츠바사가 1층에서 텔레비전을 보고 있을 때는 나도 1층, 2층에서 장난감을 갖고 놀거나 게임을 할 때는 나도 2층에 머물렀다. '콧노래가 멈췄네. 대변인가?', '손길이 딱 멈췄네. 대변?', '콩콩 뛰던 동작이 문득 멈췄네. 대변?' 날마다 이런 식이었다. 긴 원피스를 들추면 엉덩이 틈새로 항문이 살짝 보였다. 변의가 맞으면, "응가는 변기에 하는 거예요." 하며 아기 변기에 앉혔다. "응가가 나왔네!" 대변을 보면 뽀뽀를 해주거나 안아주면서 요란하다 싶을 만큼 기뻐했다. 뒤처리가 끝나면 상으로 별사탕을 주었다.

아기 변기에서 대변을 보면 엄마가 기뻐하고 상도 받을 수 있다. '이제 해결된 걸까?' 하는 기대감에 가슴이 부풀었다. 하지만 스스로 알아서는 결코 아기 변기에 앉으려 하지 않았다. 역시 앉아서 힘을 주는 데는 아직 익숙하지 않은 모양이었다. 내가 미리 발견했을 때는 아기 변기에 앉았지만, 스스로 알아서 해결할 때는 서서 처리하고 싶은 것 같았다. 내가 깜빡 졸 때나 전화 통화를 하고 있을 때, 혹은 화장실에 있을 때 대변을 봐서 당황했던 일도 있다. 그럴 때면 곁에서 누가 좀 도와줬으면 하는 생각이 간절했다.

물론 주말에는 남편이 도와줬다.

봄방학이 끝나도 배변 훈련은 계속됐다. 아침 식사 후에 배변을 하지 않아서 하는 수 없이 등원 준비를 하며 바지를 입히려고 하는데, 어느새 따끈따끈한 덩어리를 봉긋이 만들어놓는 일도 종종 있었다. 아침에 변을 보지 않은 날은 어린이집에 연락해서 점심을 먹은 뒤에 변을 보게 유도해달라고 부탁했다. 점심 식사 뒤에 변을 봤는지의 여부는 알림장으로 전달받았기 때문에, 변을 보지 않은 날에는 저녁에도 대변 감시를 해줘야 했다. 어린이집과의 협조 체제는 원활했다.

츠바사나 내 건강이 안 좋을 때는 어쩔 수 없이 종이기저귀로 돌아갔다. 그러다가 건강이 좋아지면 다시 아기 변기로 돌아갔다. 그런 생활이 반년 가까이 지속되었다.

난생 처음 스스로 아기 변기에 앉아 대변을 보다

너무 피곤해서 깜빡 졸았던 어느 날, 흠칫하며 눈을 떠보니 아기 변기 속에 대변이 있는 게 아닌가? "츠바사 응가 맞니? 네 것 아니지?" 하고 큰애한테도 확인했다. "내가 거기다 응가할 리가 없잖아요! 츠바사 거예요!" 하며 화내는 큰아이. 그렇다면 이 대변은 츠바사가 난생 처음 스스로 아기 변기에 본 것이다! 가슴이 뜨거워지고 눈물이 그치지 않았다. 누구한테든 자랑하고 싶어 친정 어머니에게 전화를 했다. "잘 됐구나. 네가 그동안 고생이 참 많았다." 친정어머니의 칭찬에도 흥분이 가라앉질 않았다. 같은 장애를 가진 아이를 키우는 선배 어머니에게도 전화했다. 그분도 내 심정을 공감하면서 축하해주었다.

큰애에게는 미안한 일이지만, 큰애가 기저귀를 뗀 것은 통 기억나지 않는다. 하지만 츠바사의 그 순간은 평생 잊혀지지 않을 것 같다. 지금도 그때를 생각하면 눈시울이 뜨거워진다.

비장애 아이가 지극히 평범하게 올라가는 계단을 부모의 부축을 받으며 부모와 나란히 한 발 한 발 천천히 올라가는 츠바사가 계단을 다 올라섰을 때의 기쁨은 말로 다할 수 없을 만큼 크다. 물론 함께 고생한 부모에게도 마찬가지다.

"응가!" 하며 스스로 아기 변기에서 배변하기까지

다음 단계는 스스로 "응가!" 하고 말하는 것이다. 언제까지나 노팬티와 원피스로 생활할 순 없는 노릇이니까 말이다. 팬티와 바지로 돌아갔을 때 "응가!"라고 스스로 말하지 않으면, 바지 내리는 데 오래 걸리는 츠바사로서는 그냥 바지에 실례할 수밖에 없었다. 또 내가 모르는 사이에 실례했을 때 그 사실을 스스로 알리지 않으면, 뒤처리를 얼른 해줄 수 없다는 문제도 있었다.

그래서 변이 나올 때마다 코 톡톡으로 "응가."라고 말하게 했다. 연습을 하자 변을 본 뒤 "응가."라고 말했다. 계속 거듭하다보니 변을 보기 전에도 "응가!"라고 말했다. 아기 변기에 대변을 보는 데 익숙해지고 "응가!"라는 말도 할 수 있게 되자 다시 팬티와 바지를 입히기로 했다. 이때 얼른 벗기기에 알맞은 소재와 디자인을 골랐다.

"응가!"라고 말하면 3초 뒤에는 바지를 내리고 아기 변기에서 대변을 보게 했다. 스스로 벗는 데 능숙해지자 혼자서 벗고 대변을 보는 일도 있었다. 다만 볼일을 마쳐도 스스로 뒤처리를 하지 않고, 스스로 바지를 입지 않았다. 그 뒤로도 가끔 실수는 했지만 대체로 순조로웠다. 앉아서 힘을 주는 데 익숙해진 듯했다.

여름방학에도 훈련을 계속했다. 소변 훈련 때 그랬던 것처럼, 니가타 바닷가로 놀러갔을 때에도 아기 변기를 지참했다. 여행을 가서도 그 친숙한 변기가 있어야 식후에 제대로 대변을 해결했다. 성공률이 거의 100퍼센트에 이르자 다시 변기를 치워보기로 했다.

아기 변기에서 화장실로 옮겨가는 것이 조금 불안하기는 했지만, 앉아서 힘을 주는 것은 마찬가지여서 예상했던 것보다 매끄럽게 진행되었다. 앞서 소변보기 때 화장실을 이용한 덕분에 화장실 변기에 앉는 데 저항감이 적었던 것 같다. 이 단계까지 오는 데 반년, 초조해하지 않고 포기하지도 않았던 시간이었다. 힘들고 지쳐갔지만 마지막에 기쁨을 만끽했던 반년이기도 했다.

츠바사가 혼자 화장실을 이용하는 요즘

소변보기 훈련 때는 남편에게 서서 소변보는 시범을 츠바사에게 보여달라고 부탁해서 츠바사가 따라하게끔 했다.

처음에는 변기 안에 제대로 명중시키지 못해 청소가 일이었다. 그래서 변기 커버를 바꿨다. 전체를 가리는 커다란 것을 여러 장 준비해서 츠바사의 오랜 연습기간 동안에 사용했다.

지금은 아주 잘한다. 초등학교에서도 열심히 호응해주셔서 변기 앞에서 지퍼를 내리고 소변을 볼 수 있다. 원피스를 입고 훈련하던 시절에 비하면 정말 사내아이답게 되었다.

대변 훈련의 다음 과제는 화장지 자르기였다. 적절한 화장지 양은 '점신 세 칸까지'라는 것과 그걸 자르는 요령을 가르쳤다.

또 화장지 홀더를 한 손으로 누를 수 있도록 해당 위치에 손 모양 스티커를 붙여놓았다. 그 자리를 한 손으로 누르고 다른 손으로 화장지를 잡고 잘라내도록 한 것이다. 그렇게 세 번은 스스로 닦게 하고 마무리는 내가 해주는 식으로 한동안 훈련했다.

그러나 뒤를 닦아내는 동작이 너무 서툴러서 아예 과제학습으로 삼았다. 항문 부근에 숯 성분이 있는 면도크림을 바르고(이것도 시행착오를 거쳐서 찾아낸 소재이다.) 종이로 닦아내게 해봤다. 대변은 닦아서 살펴보고 싶어하지 않는데 이렇게 하면 괜찮았다. 그리고 화장지에 크림이 잘 묻어 있는지 스스로 확인하게 했다. 종이에 더 이상 묻어나오지 않으면 깨끗해진 거라는 점도 이해시킬 수 있었다.

외출했을 때 장애자용 화장실이 없으면, "엄마랑 여자 화장실에 갈래!" 하고 고집을 피우는 츠바사를 보면서 '이 다음에 크면 곤란해질 텐데…….' 하는 생각에 남편이 남자 화장실에 데려가기로 했다. 지금은 스스로 화장실 문을 잠그고 제 손으로 뒤처리를 한다. 내 도움 없이도 잘하는 츠바사를 보면 정말 흐뭇하다.

* 5 *

과제학습과 자전거 타기에 도전!

츠바사가 한 뼘이라도 더 성장하기를 바라며 해온 과제학습과 자전거 타기 연습. 과제학습은 하루 15~30분 정도 매일 조금씩 했고, 자전거 타기 연습은 여덟 살 때부터 아홉 살 때까지 1년간 그야말로 '가늘고 길게'를 원칙으로 계속했다.
할 줄 아는 것들이 하나둘 늘어가자 츠바사의 마음에도 변화가 일어났다. 자랑스러워하는 표정을 짓기도 하고, 도전하는 마음이 커지는가 하면, 이런저런 것들에 대해 호기심도 점점 많아졌다.

과제학습을 어떻게 꾸려갈까

치료 교육 상담을 위해 다니던 센터에서는 츠바사 또래 아이들을 대상으로 일주일에 며칠씩 훈련을 시키는 프로그램을 운영했다. 츠바사도 보내라는 권유를 받았지만 우리가 맞벌이라서 그렇게는 못하고, 매달 한 번 있는 치료 교육 상담만 받았다. 그 대신 집에서 매일 할 수 있는 것들은 츠바사와 해보기로 했다.

교실 수업의 노하우를 활용하다

초등학교 교사인 나는 그동안 '즐거운 수업'을 위해 연구를 거듭해왔다. 재미없어 하는 아이들을 가르치는 것처럼 힘든 일도 없다. 반면에 눈을 반짝이며 수업을 듣는 아이들은 교사를 신나게 한다. 아이들은 수업이 즐거울 때 많은 것들을 빠르게 흡수한다. 한자 쓰기를 백 번 하라고 하면 누구라도 기가 질리지 않겠는가?

하지만 재미난 《해리 포터》를 읽고 이야기 나누는 것은 시간 가는 줄 모를 것이다. 여담이지만 영국에서는 《해리 포터》를 국어 교재로 쓰는 학교도 있다고 한다. 아이들의 흥미와 관심을 중시한 것이다.

츠바사가 어떤 것에 흥미와 관심을 갖고 있는지는 내가 어느 교사보다 잘 안다고 자신한다. 이것이 바로 부모의 강점이다. 게다가 마침 아이를 가르치는 것이 내 직업이기 때문에 츠바사를 가르칠 때도 교실에서 쓰는 노하우를 살릴 수 있었다. 교사라면 초등학생을 상대로 수업할 때 45분 내내 똑같은 방식을 취하는 것이 좋지 않다는 걸 잘 안다. 초등학교 1학년이 집중력을 발휘하는 시간은 길어야 15분. 과제가 너무 단순하거나 복잡하면 15분도 버티지 못한다.

국어 수업을 예로 들면 처음 10분은 교과서 읽기, 함께 읽기, 한 사람씩 돌아가며 읽기 등 여러 가지 방식을 조합하여 싫증이 나지 않게 해줘야 한다. 다음 20분은 독해인데, 독해한 내용을 돌아가며 발표한다. 마지막 15분은 칠판 글 받아쓰기나 새로 나온 한자 익히기. 이렇게 45분 동안 책을 읽고, 독해하고, 글을 받아쓰는 다양한 수업을 구성한다. 아이들은 나이가 어릴수록 집중할 수 있는 시간이 짧기 때문이다.

과제학습은 세 가지로 구성한다

그런 점을 고려하여 츠바사의 과제학습은 '작업 과제, 카드 학습, 쓰기' 이렇게 세 가지로 구성해보았다.

작업 과제

이것은 단추나 지퍼 채우기 등, 일상에 필요한 일들을 스스로 해결할 수 있도록 가르치는 것이다. 이것들은 일상생활과 직결되므로 중요하다. 또 '내 힘으로 단추를 채울 수 있다.'는 성취감이 과제학습에 대한 의욕을 북돋워주지 않을까 하는 생각도 있었다. 그리고 엄마가 하는 일도 한결 줄어든다. 츠바사는 단추를 채워주거나 지퍼를 올려주는 등의 잔손이 많이 필요한 아이인데, 스스로 할 수 있는 일이 늘어나면 그만큼 내가 해야 할 일이 줄어드는 것이다. 첫 과제학습인 만큼 작심삼일이 되지 않도록, 지도하는 나 자신에게도 의욕을 북돋워주는 것이 필요했다.

카드 학습

저학년 아동을 가르칠 때는 덧셈 카드, 뺄셈 카드, 구구단 카드 등을 자주 이용하곤 한다. 초등학교 교실에 가보면 대개 지도용 대형 카드가 있는데, 구구단 같은 걸 익힐 때 그 카드를 보여주며 큰 소리로 따라하게 한다. 그러면 평소 멍하니 앉아 있던 아이들도 그때만큼은 집중을 잘한다.

츠바사는 어휘가 많이 늘었지만 자기가 흥미로워하는 분야로 어휘가 한정된 상태라 '코 톡톡'으로 가르치는 것도 한계에 와 있었다. 하지만 의자나 펜, 수건처럼 일상생활에서 꼭 기억해야 할 낱말들이 아직 많았다. 이런 낱말들을 가르칠 때는 카드를 이용했다.

쓰기

쓰기는 학습의 기본이다. 가능하면 일찍 시작해서 익히게 해주고 싶었다.

구체적으로 무엇을 가르칠까?

다음에는 구체적으로 가르칠 내용을 정하고 과제학습을 준비했다.

작업 과제

츠바사에게 가장 쉬울 법한 지퍼 채우기부터 시작했다. 지퍼에도 여러 종류가 있다. 나는 웃옷의 지퍼처럼 좌우로 완전히 분리

된 것보다 바지에 달린 지퍼처럼 한쪽이 고정된 것이 더 쉬울 것 같아 그걸 골랐다. 과제는 지퍼 10개. '10'이란 수는 흔히 기본 단위로 쓰이기도 해서, 작업하면서 보너스로 수 개념도 가르칠 것을 염두에 둔 것이다.

카드 학습

츠바사는 유치원 버스, 택배 트럭, 버스, 청소차 등을 아주 좋아해서 먼저 '탈것 카드'를 골랐다. 츠바사도 사물마다 이름이 있다는 것을 알게 되었을 때라 '이름을 알고 싶다!'는 욕구가 강할 것 같은 대상이 좋겠다 싶었다. '카드의 그림 = 이름'으로 연결시키자는 생각도 있었다.

쓰기

츠바사가 글자를 가르쳐주는 DVD를 재미있게 봤기 때문에 차근차근 다섯 글자 쓰기부터 시작했다.

세 가지 과제를 바구니 세 개에 나눠 담기

과제의 시작과 끝을 알 수 있도록 바구니를 사용했다. 세 가지 과제를 바구니 세 개에 나눠 담았다.

노란 바구니 지퍼 10개

분홍 바구니 탈것 카드

파란 바구니 종이와 크레용

다 끝나면 과제물을 모두 하얀 바구니로 옮겨서, 바구니 세 개가 텅 비면 '과제학습 끝'임을 알게 했다. 작은 접이식 책상도 구입했다. 츠바사는 식탁을 식사하는 곳으로만 생각했기 때문에 새 책상을 마련해서 '이 책상은 공부하는 곳'으로 인식하게 하고 싶었다. 공부 시간은 식사 시간 뒤로 잡았다. '밥'으로 노는 시간을 마무리 지어줄 수 있기 때문이었다.

어떻게 시작할까?

과제학습을 시작할 때만 해도 내 지시 사항은 츠바사에게 전달되지 않았다. 그저 츠바사 자신이 하고 싶어하는 것만 하던 시기였다. 밥 먹는 것도 아닌데 책상 앞에 앉으라니, 일찌감치 거부 반응을 보였다. '대체 엄마는 뭘 시작한 거야?'라고 생각하는 듯했다.

작업 과제 : 지퍼 올리기

과제로 유도하려면 먼저 손을 잡아 함께 해주면서 방법을 가르치는 수밖에 없었다. 나는 무릎에 츠바사를 앉히고 뒤에서 안아주는 자세로 안정시킨 다음, 츠바사의 왼손을 내 왼손으로 거들어 지퍼 아래쪽에 있는 고정쇠 부분을 잡게 하고 지퍼를 함께 올렸다.

츠바사는 처음엔 이끄는 대로 했지만 곧 나와 함께 하는 것이 무엇인지를 깨달아 스스로 지퍼를 올리려고 힘을 줬다.

카드 학습 : 해답은 탁구!

트럭 카드를 꺼내들고 '질문 - 대답' 유형으로 가르쳤다.

"**이것은 무엇입니까**?" 하고 내가 내 코를 톡톡 두드린다.

"**트럭**. 자!" 하며 츠바사의 코를 톡톡 두드려준다.

처음에 츠바사는 카드가 마음에 들었는지 내 손에서 빼앗아 들었다. 그러고는 곧 자기 옆에 늘어놓고 싱글벙글했다. 다음부터는 카드를 고리에 꿰어서 떼어갈 수 없게 고정시켜 놔야겠구나, 하고 생각했다. 그렇게 처음 얼마 동안은 저항했지만, 익숙해지자 의외로 재미있는지 매끄럽게 진행되었다. 카드 학습 요령을 파악하게 되자 '코 톡톡'도 생략할 수 있었다. 그 대신 정답일 경우 "딩동댕", 오답일 경우 "뚜뚜" 하며 마치 퀴즈 프로그램처럼 효과음을 내주었다.

그러나 그것이 또 문제를 만들었다. 츠바사는 "뚜뚜"가 더 즐거운지, 뻔히 알면서도 일부러 오답을 말했다. 그래서 정답일 경우 "딩동댕", 오답일 경우 정답을 말해주는 것으로 끝냈다.

쓰기 : 쓸 수 있는 거 모두

'쓰기'는 내가 커다랗게 쓴 다섯 글자를 연필로 흉내 냈다. 그런데 뜻밖에도 츠바사가 DVD 음악을 흥얼거리며 글자를 전부 써 버렸다. '츠바사가 원한다면 그렇게 하자.'라고 생각하고 과제 프로그램을 조정했다. 앞에서도 '반향어'에 대해 말했지만, 음성뿐만 아니라 작업에 대해서도 자기 머릿속에 녹화한 대로 재생하는 능력이 있다는 걸 알 수 있었다.

얼마 지나자 츠바사 스스로 과제학습을 했다. 지퍼는 과제학습이 아니더라도 바구니에서 꺼내 스스로 하고, 카드도 열중해서 보곤 했다. 길을 걷다가 카드에 나온 차를 발견하면 "소방차." 하고 내게 가르쳐주기도 했다.

작업 과제를 지퍼에서 단추로

지퍼 다음은 단추로 정했다. 그러나 외골수인 츠바사는 지퍼에서 단추로 바꿀 때 다시 야단이 났다. '왜 갑자기 단추로 바꾸는 거야!' 하는 마음이었을 것이다. 그렇다고 평생 지퍼만 쓰게 하고 단추를 멀리할 수는 없어서 다시 무릎에 앉히고 뒤에서 안아주는 자세로 거들면서 같이 해나갔다. 아이가 좋아하든 싫어하든, 그런 과정을 반복해주는 것 자체가 변화에 익숙해지게 하는 연습이다.

하지만 이제 와 생각해보면, 학습 일정을 짜서 츠바사가 알 수 있게 미리 알려주었다면 그런 혼란은 막을 수 있지 않았을까 하는 생각도 든다.

단추를 채울 수 있게 되자 스스로 하겠다고 나서다

단추 과제학습에서는 단추와 단춧구멍이 빨강, 노랑, 파랑으로 짝을 이루게끔 만들어져 있는 것을 사용했다. 단추를 채우는 것이 목적인 훈련이라 옷은 입지 않고 책상 위에 놓고 작업했고, 처음엔 내가 단춧구멍에 단추를 절반 넣고 나머지 절반을 츠바사에게 잡아당겨서 채우게 했다. 단추 작업은 다음 3단계로 진행했다.

1 단추와 단춧구멍의 색깔을 보고 확인한다.
2 단춧구멍에 단추의 절반을 넣는다.
3 한 손으로 단추 절반을 잡고 다른 한 손으로 그것을 끄집어낸다.

처음에 1부터가 아니라, 3부터 가르친 것은 '성공했다!'라는 성취감을 먼저 안겨주고 싶었기 때문이다. 츠바사가 책상 위에서 단추를 채울 수 있게 되자, 잠옷을 단추 달린 것으로 마련했다. 그런데 책상 위에서 할 때와 옷을 입고 할 때는 좌우가 바뀐다는 사실을 미처 생각하지 못한 탓에 단추를 채우는 데 시간이 더 오래 걸렸다. 처음부터 그 점을 고려했다면 더 매끄럽게 진행됐을지도 모른다.

목욕을 하고 난 뒤에 잠옷을 입기 때문에 우선 내가 나서서 단추를 채워주고 마지막 단추만 츠바사에게 맡겼다. 얼마 뒤에 내가 또 그렇게 해주려고 하자 츠바사가 내 손을 뿌리쳤다. 말로 하진 않았지만 '내가 할래!' 하는 마음을 읽을 수 있었다. 비장애 아이들은 아주 어릴 때부터 그런 의식이 있다. 그래서 뭐든 “내가 할래!” 하고 떼를 쓰는 아이들이 많다. 츠바사한테도 그런 마음이 있었던 거구나, 하고 감동받는 순간이었다!

이제 츠바사는 도와주지 않아도 잘할 수 있다. 잘하면 뭔가를 기대하는 눈길로 나를 본다. 그러면 나는 “잘했어!” 하고 평소의 승리 포즈를 취하며 칭찬해준다. 곧이어 츠바사의 얼굴에는 자랑스러움이 가득 번진다.

젓가락질을 하다

단추 다음은 젓가락이었다. 식사 시간에 가르치면 밥 먹는 게 즐겁지 않을 것 같아 먼저 젓가락 사용 훈련을 하기로 했다.

젓가락 과제학습에서는 점토를 한입 크기로 뭉쳐서 점토 상자에 넣어 둔 다음, 그것을 점토 상자 뚜껑으로 옮기는 작업을 해보았다. 점토는 끈끈한 성질이 있어서 젓가락에 잘 붙었다.

처음에는 츠바사 손에 젓가락을 쥐어주고 그 손을 거들어주면서 작업했다. 열 개쯤 남았을 때, 츠바사 혼자 하도록 나는 손을 떼봤다. 이상하게 쥐긴 해도 아무튼 집어 올리기는 했다. 그리고 차차 혼자 하게 해서, 마침내는 전부 혼자서 할 수 있게 되었다. 젓가락 잡는 법은 그때그때 올바른 자세를 보여주며 따라하게 했지만, 아직 모방이란 것을 못하던 시기여서 그런지 그다지 효과는 없었다. '교정용 젓가락'(젓가락에 고리가 달려 있어 거기에 손가락을 꿰면 올바로 쥐는 자세가 나오는 제품)도 구입해봤지만 손가락을 꿰는 감각이 싫은지 쓰려고 하지 않았다(처음부터 교정용 젓가락을 썼다면 순순히 익숙해졌을지도 모른다).

곧잘 집어 올릴 수 있게 된 뒤로는, 한입 크기보다 작게 만든 점토 집어 올리기, 국수처럼 가늘고 긴 것 집어 올리기에도 도전했다. 과제학습에서 젓가락 사용이 능숙해지자 곧 실생활에 적용시켰다. 밥은 어느 정도 끈기가 있어 집어 올리기도 쉬웠다. 츠바사는 처음엔 젓가락을 썼지만, 빨리 먹고 싶은 마음이 컸는지 숟가락을 발견하면 그것으로 바꿔 들고 와 먹어버렸다. 식욕은 이길 수가 없는 모양이었다. 그 즈음에는 나도 실수에서 배우는 것이 습관이 되어 있었다. 숟가락을 전부 숨겨버리자 츠바사도 단념하고 젓가락으로 밥을 먹었다.

종이접기, 가위질, 풀칠, 그림 그리기

종이접기, 가위질, 풀칠, 그림 그리기 등도 시도했다.

종이접기 절반으로 정확하게 접는 것부터 시작해서 튤립이나 매미처럼 단순한 것을 접었다.

가위질 종이에 선을 긋고, 그 선대로 똑바로 자르기. 그 다음은 아이가 아주 좋아하는 야구 과자봉지에서 구단 마크 오려보기 등을 했다.

풀칠 종이접기로 만든 튤립이나 매미를 큰 종이에 붙였다.

그림 그리기 무당벌레 밑그림에 까만 점들만 그려 넣게 하거나 얼굴 그림에 수염을 그려 넣게 하는 정도만 학습했다. 차차 내가 그린 그림을 따라 그리기도 했다.

잘 봐! 흉내 내기야!

그 다음 시도한 것은 '모방 학습'이었다. 이 과제학습을 할 때에는 시범 보이는 사람과 도와주는 사람, 이렇게 두 명이 필요했다.

우리는 먼저 남편이 빈 깡통을 막대기로 두 번 두드리면 내가 츠바사의 손을 잡고 빈 깡통을 두 번 두드리는 방식으로 진행했다. 남편이 시범 조교가 되고 내가 츠바사를 돕는 거였다. "잘 따라했어요." 그렇게 말하면서 흉내 내기가 무엇인지 가르쳤다. 다음은 자세 등으로 과제를 바꿨다. 앞에서 "모방을 못할 때라 올바른 젓가락질을 보여줘도 잘 되지 않았다."고 썼지만, 모방을 할 수 있게 되자 그 뒤로는 학습이 아주 편해졌다.

"츠바사, 잘 봐! 흉내 내기야!" 하고 말하면, 츠바사는 쳐다보고 행동을 따라서 움직이려고 했다. 예를 들면 자전거 연습을 하면서 "브레이크!" 하고 말해도 츠바사는 브레이크가 있는 자리를 몰랐고, "꽉 쥐는 거야!" 하고 말해도 츠바사는 핸들만 쥐었다. 츠바사에게는 이해하기 어려운 문제였다.

하지만 "츠바사, 잘 봐. 흉내 내기야. 브레이크, 끼익!" 하고 내가 시범을 보이면 무엇을 해야 하는지 확실하게 전달되었다.

카드 학습으로 사물 이름 익히기

'탈것 카드' 외 다른 다양한 카드로도 학습했다.

채소 ·과일 카드

츠바사는 자기가 좋아하는 과일은 주목하는데, 채소는 싫어해서 모르는 채소 카드들이 많았다.

음식 카드

편식이 심한 츠바사는 밥, 우엉, 면류, 과일, 청국장, 두부, 삶은 달걀, 햄, 치즈 등만 먹었다. 카레라이스를 만들어도 그 속에 든 감자와 밥만 골라먹을 정도였다. 세상에는 온갖 먹을거리들이 있다는 걸 알았으면 좋겠다는 생각과 흥미를 느끼기만 한다면 편식도 조금은 나아질지 모른다는 희미한 기대로 만들었다.

생활도구 카드

이것을 제일 가르치고 싶었다. 책상, 의자, 꽃병, 전기밥솥, 청소기 등 집 안에 있는 다양한 물건의 이름을 익히게 하는 것 말이다. 그릇 카드를 보여주면 "밥."이라고 대답하거나 주걱 카드를 보여주면 "숟가락.", 컵 카드는 "물."이라고 대답하는 등 미묘하게 어긋난 대답을 하는 통에 웃음이 터지곤 했다.

동물 카드

기린, 코끼리, 사자, 펭귄 정도는 츠바사가 좋아하는 그림책에 나오기 때문에 잘 알고 있었다. 그런데 하마, 판다 등은 아는지 모르는지 분명하지 않았고, 상식이니까 확실하게 가르치고 싶었다.

달력 카드

일요일이 휴일이라는 것은 워낙 자주 돌아와서 알고 있었지만, 평일 가운데 불쑥 끼어든 '5월 5일은 어린이날' 같은 공휴일은 츠바사가 알기 어려운 것이었다. 그리고 1년이 봄 ⇨ 여름 ⇨ 가을 ⇨ 겨울 순으로 변해간다는 것도 가르치고 싶었다. 덥고 춥고에 따라 옷을 맞춰 입지 못하는 아이니까, 달력 이미지를 익히면 옷 갖춰 입기도 쉽게 배우지 않을까, 하는 기대도 내심 있었다. 여기엔 생일 카드도 있어서 스스로 적어넣을 수 있었다. 그 참에 츠바사의 생일도 가르쳐주었다.

가게 카드

세탁소, 옷 가게, 신발 가게 등은 평소에 다니는 가게들인데도 어떤 가게에서 무엇을 사는지 츠바사는 알지 못했다. 편식이 심한 츠바사에게는 쌀이 생명줄이나 다름없다. 그런데 그 중요한 쌀을 어느 가게에서 사는지 몰랐다. 생활에 필요한 물건들은 가게에서 사야 한다는 사실을 알았으면 하는 바람으로 가르쳤다.

카드 학습을 잘하게 되자, 약국에 가면 "약국이란다.", 정육점에 가면 "정육점이란다." 하고 카드로 익힌 것을 생활에 응용할 수

있게 이야기해주었다.

시계 카드

처음에는 1시, 1시 반, 2시, 2시 반 등 단순한 것을 가르치다가 서서히 단계를 높여갔다. 기다리는 시간은 주방용 타이머나 모래시계로 가르쳤다.

오전 10시에 시장에 가고, 12시에는 맥도널드에 가고, 오후 1시에는 미용실, 하는 식의 24시간 흐름을 이해시키진 못했지만, 시계를 읽을 수 있게 된 츠바사는 예측을 할 수 있었다. 그것만으로도 큰일을 해낸 것이다. 그래서 츠바사에게 보여주는 시계도 디지털 시계에서 아날로그 시계(시곗바늘로 시간을 나타내는 시계로, 날짜와 요일이 표시된다)로 바꿔 일상생활에서도 활용했다.

카드 학습으로 사물의 이름을 알면서 츠바사는 주변 세계를 조금씩 이해해갔다. 하루는 12시간이 두 번 반복된다는 것, 1년에는 사계절이 있다는 것, 가게에서 물건을 사서 생활한다는 것 등을 차츰차츰 알아가는 데 카드 학습은 큰 도움이 되었다.

쓰기는 점선 따라 그리기부터

쓰기는 '점선 따라 그리기'로 시작했다. 자폐아는 대개 듣기보다 보기를 잘한다. 모양이나 기호에 유난히 관심을 쏟는 아이가 많은데, 츠바사도 그런 편이었다. 츠바사가 다섯 살 나던 해 어느 날엔가는 뭐라고 중얼거리며 모래밭에 손가락으로 글자를 써서, 주위 사람들이 깜짝 놀란 적도 있다. 문자에 흥미를 보이는 것 같으니 쓰기를 가르쳐볼까, 하고 생각했다.

처음에는 크레용으로 '점선 따라 그리기'

교사로서 학교에서 초등학교 1학년을 맡으면 아이들에게 글자를 가르쳐야 하는 시기가 있다. 나는 글자 학습에 들어가기에 앞서, 아이들에게 점선으로 그려진 곡선, 직선, 지그재그 선을 따라 그리게 한다. 선 연습은 글자에 흥미가 없는 아이라도 잘한다. 그

리고 처음에는 크레용으로 썼다. 필압이 약해도 잘 써지기 때문이다.

글자 다음은 텔레비전 음량 표시, 팬히터 온도 설정, 에어컨 리모컨 등을 가르쳤는데, 이건 츠바사가 이미 숫자를 읽을 수 있었기 때문에 가능했다.

아이가 좋아하는 걸 넣어 손수 만든 프린트물

츠바사는 내가 만든 프린트물을 받는 경우, 자기가 좋아하는 뭔가가 있으면 '이건 뭐지?' 하고 흥미를 보였다. 예를 들면, 게임이나 그림책에 나오는 캐릭터, 공룡 등을 넣어 만든 프린트물들을 보면, 한번 해볼까 하는 마음이 드는 모양이었다. 그런데 막상 해보니 이게 뜻밖에 쉽고, 하고 나면 엄마한테 칭찬도 듣는다. 그러면 츠바사는 기분이 좋아져서 끝까지 했다.

프린트 내용은 '점선 따라 쓰기'에서 '점 이어서 쓰기'로, 다음엔 '스스로 쓰기' 등으로 힌트를 조금씩 줄여나가는 방향으로 만들었다. 각 단계를 따라 학습이 매끄럽게 진행되도록 고안한 것이다.

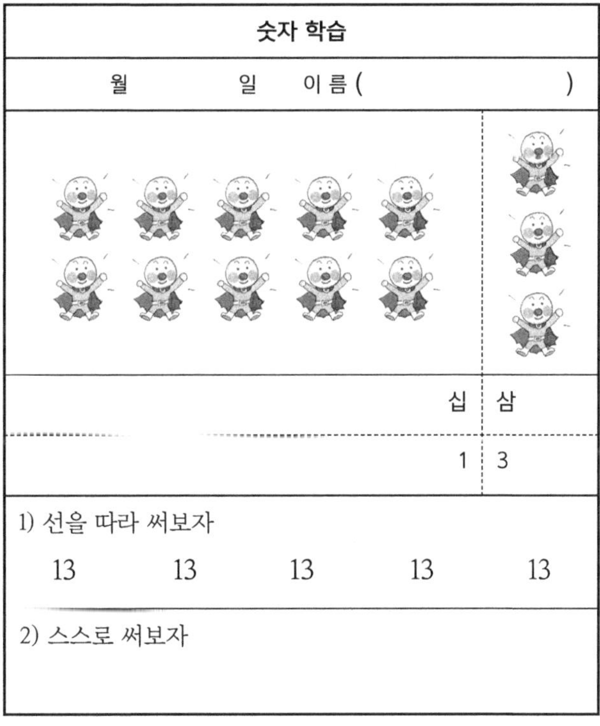

숫자 학습

월 일 이름 ( )

십	삼
1	3

1) 선을 따라 써보자

13 13 13 13 13

2) 스스로 써보자

세발자전거에서 보조바퀴 달린 자전거를 타기까지

츠바사의 생애 첫차는 손으로 밀어야 가는 차였다. 아이가 타면 부모가 뒤에서 밀어주는 차 말이다. 츠바사도 가끔은 제발로 땅을 박차주었다. 그때가 아마 첫돌 무렵이었을 것이다.

세발자전거를 밀어주면서 페달 연습을 시키다

네다섯 살 때에는 세발자전거를 탔다. 이때도 츠바사는 페달 위에 발을 얹어놓고 밀어주기만 기다렸다. 그때 페달 돌리기를 가르쳐볼까 생각하고, 세발자전거 앞에 앉아 페달에 얹어놓은 츠바사의 발을 페달과 함께 붙잡고 돌려봤다. '페달을 돌리면 앞으로 나간다.'는 걸 깨달아주었으면, 하는 바람이었다. 돌린다고 하지만 실은 오른발 쪽 페달을 밑으로 누르면 그 반동으로 왼발 쪽 페달이 올라왔고, 그러면 다시 왼발 쪽 페달을 누르는 행위의 반복이었다.

내 소망은 좀처럼 이뤄지지 않았다. 츠바사는 심지어 세발자전거에서 내려서더니 자전거를 확 밀쳐버리고 화난 표정을 지었다. 나는 오른손에 그 무거운 세발자전거를 들고, 왼손엔 츠바사의 손을 잡고 터벅터벅 걸어 집으로 돌아오기를 수차례나 반복해야 했다.

그렇게 2년쯤 세발자전거를 밀어주면서 페달 돌리기를 꾸준히 가르쳐주었더니, 츠바사가 페달 돌리기를 익혔다. 처음엔 한두 번이 고작이었는데, 점차 늘어나더니 오르막길이 아닌 길은 스스로 탈 수 있었다.

그러던 중에 큰애가 새 자전거를 사서, 보조바퀴 달린 자전거가 츠바사 몫으로 돌아왔다. 세발자전거가 있으면 덩치가 커다랗게 되어서도 계속 세발자전거만 타겠다고 할지 몰라, 그때 세발자전거를 처분했다.

보조바퀴 달린 자전거로 씽씽

츠바사는 보조바퀴 달린 자전거에도 처음엔 그냥 멀거니 앉아 있기만 했다. 페달과 앉는 자세가 세발자전거와는 달라서 그랬던 것 같다. 다시 츠바사의 등을 밀어주는 날들이 시작됐다.

하지만 츠바사도 세발자전거 시절보다는 많이 자라서 스스로 페달을 밟기까지 그리 오래 걸리지 않았다. 곧 보조바퀴 달린 자전거로 씽씽 달렸다.

넷이서 자전거를 타고 햄버거 가게로

츠바사가 꽤 오랫동안 자전거를 탈 수 있게 되자, 목적지를 정하고 타보기로 했다. 목적지는 츠바사가 너무나 좋아하는 햄버거 가게였다. 큰애와 츠바사는 자전거를 타고, 나와 남편은 그 뒤를 쫓아 달려갔다.

그즈음은 츠바사도 우리 말을 곧잘 알아들었기 때문에, “츠바사, 기다려!” 하고 소리치면 기다려주었다. 또 내가 보이지 않을 만큼 멀리 처지면 걱정이 되는지 츠바사가 알아서 기다리기도 했다. 총알 같이 달려가거나 혼자서 도로 중앙차선을 따라 걷던 시절을 생각하면 놀라운 변화다.

길이 익숙해지자 네 사람 모두 자전거를 타고 햄버거 가게에 갔다. 철로 건널목도 있고 큰길도 만나고 비탈도 있었다. 다행히 탈 없이 도착해서 맛나게 먹고 돌아왔다. 츠바사도 아주 기뻐하는 눈치였다.

자전거를 능숙하게 타고 나서 뿌듯해하다

처음 페달 돌리기를 가르칠 때 화내고 자전거를 밀쳐버리던 츠바사의 모습이 떠오른다. 세발자전거와 함께 도랑에 굴러 떨어진 일도 있었다. 그러다 보니 남편은 "자전거 잘 타봐야 뭐 해? 누가 늘 지켜봐줘야 하는데! 괜히 걱정거리 만드느니, 차라리 못 타는 게 낫잖아?"라고 했다. 하지만 나는 그 말을 들은 척도 하지 않았다.

'철봉 거꾸로 오르기 잘해봐야 무슨 소용이야. 뜀틀 넘기가 사회생활에 무슨 도움이 돼?' 이렇게 생각하면 가르치는 일을 할 수 없다. 하지만 철봉 거꾸로 오르기를 했을 때 온 세상이 뒤집힌 것 같은 그 느낌, 뜀틀 넘기를 했을 때 넘쳐오르던 희열! 나는 자전거를 탈 수 있다는 것도 그런 거라고 본다.

츠바사는 장애를 가지고 있지만 큰애와 마찬가지로 자전거를 탈 힘은 있을 거라고 생각했고, 만약 탈 수만 있다면 츠바사 앞에 새로운 세계가 열릴 거라고 생각했다. 그리고 자전거를 멋지게 타고 난 츠바사가 자랑스러워하는 표정을 짓는 걸 보니, 그간의 고생은 단번에 날아가버렸다. 근심거리는 늘어날지 모르지만, 그 기쁨을 어떻게 포기한단 말인가?

보조바퀴 없는 자전거를 타기까지

츠바사가 보조바퀴 달린 자전거를 탈 수 있기까지 2년쯤 걸렸다. 나는 이번에도 시간을 길게 보고 시작했다.

세발자전거에서 보조바퀴 달린 자전거로 옮겨갈 때는 익숙한 것에 대한 고집, 새것에 대한 거부, 페달 밟기에 대한 저항 등 츠바사는 비장애 아이들과 다른 모습을 보였다. 비장애 아이들한테는 아무렇지도 않은 일들이 힘겨운 장벽이 되어 가로막았던 것이다. 이제 다시 미지의 세계를 탐험하는 기분으로 츠바사는 보조바퀴 없는 자전거 타기에 도전했다.

균형 잡는 연습부터

어느 책에선가 읽은 기억이 있는데, 보조바퀴 없는 자전거를 탈 때는 페달에서 발을 뗀 채 균형 잡는 것부터 연습하고, 그 다음에 페달에 발을 올려놓고 밟는 연습을 하라고 나와 있었다. 나는 당장 츠바사가 탈 자전거 페달을 떼어냈다. 이제 '츠바사에게 균형 잡는 연습을 어떤 식으로 가르칠까'를 고민할 차례였다.

따라하기를 조금 할 줄 알게 됐으니 남편과 내가 시범을 보여주자고 했다. 남편이 시범을 보이면 츠바사가 따라해보는 것이다. 벌써 몇 년째 과제학습을 해왔으니 '자전거 공부'라고 하면 순순히 따를 것도 같았다.

두 발로 동시에 땅을 차기만 하면 되는데, 츠바사는 보조바퀴가 없는 것이 못내 불안한지 두 발을 동시에 들지 못하고 한 발씩만 들었다. 그래서 이것이 첫 번째 과제가 되었다. 그리고 자전거 학습을 얼마나 해야 하는지, 즉 시간은 어느 정도, 거리는 얼마만큼, 땅바닥을 차는 횟수는 몇 번이나 할지를 츠바사에게 알려줘야 했다. 이것이 두 번째 과제가 되었다.

'툭!'을 백 번까지 해내다

자전거 연습 셋째 날, 지난번에 과제로 정한 '얼마나 해야 하는지'에 대해서는 '툭 하고 땅을 두 발로 차는 동작을 백 번 한다.'고 정하고, 간단한 스크립트를 만들어 츠바사에게 보여주고 실행에 들어갔다.

1 자전거 연습 : 땅을 톡하고 차기 백 번

2 공원 놀이

3 도시락

백 번으로 정한 이유는 운동회 종목이었던 죽마 타기도 30보 정도부터 시작해서 170보 정도까지를 연습한 적이 있어서, 자전거를 타기 위한 준비가 충분히 되어 있다고 판단했기 때문이다(준비된 상태가 아니었다면, 열 번 정도부터 시작했을 것이다).

먼저 남편이 시범을 보인 다음, "자, 츠바사 출발!" 역시 지난번과 마찬가지로 한쪽 발만 찼다. 다음엔 내가 자전거 앞에서 츠바사와 마주보는 자세로 두 발로 점프하는 걸 보여주며 "한 번, 두 번, 세 번……." 하고 헤아렸다. 그러자 츠바사도 나와 마찬가지로 땅을 차기 시작했다. 두 발로 제법 잘 찼을 때는 호들갑스럽다 싶을 만큼 칭찬해주었다. 츠바사는 차차 요령을 익혀 갔다. 그런데 츠바사가 점프를 하면서 자전거 안장에 바르게 앉지 못하는 것을 발견했다. 나는 남편과 교대해서, 남편이 츠바사 눈앞에서 두 발로 점프하는 시범을 보이며 "57, 58……." 하고 헤아려주는 동안, 츠바사가 바르게 앉도록 거들었다. 또 자전거의 균형을 잡을 수 있게 핸들 부분을 잡아주었다.

목표 행동에 대하여 아이가 왜 못하는지, 그것을 할 수 있으려면 어떤 도움이 필요한지 끊임없이 주의를 기울인 결과, 마침내 츠바사는 백 번까지 쉬지 않고 땅바닥 차기를 해냈다!

균형 잡고 페달 밟기

두 발로 땅바닥을 차며 나가기를 이백 번까지 계속할 수 있을 때 시범 내용을 바꿨다. 차고 나서 발을 잠시 허공에 들고 있는 동작이다. 실제 연습에 들어가서는 오른발은 내가, 왼발은 남편이 도와주었다. 애쓴 보람이 있어 제법 능숙해지자 땅바닥을 차면서 언덕길에서 균형을 잡으려고 했다.

공원에 있는 언덕길은 자전거 연습에 안성맞춤이었다. 조금 오랫동안 균형을 잡을 수 있게 되자 페달을 달고 발로 밟는 연습에 들어갔다. 보조바퀴를 떼어내고 연습을 시작한 지 3개월, 능숙하게 균형을 잡기 시작해서 페달을 다시 달기로 한 것이다. 두근거리는 마음을 안고 츠바사에게, "오늘은 페달에 발을 올려놓을 거야." 하고 일러주고는 공원으로 갔다. 핸들을 잡아주려고 하자 내 손을 뿌리친 츠바사는 의욕이 철철 넘쳐나는 눈치였다.

장애가 있다고 해서 감정도 없는 것은 아니다. 자폐아도 자존심이나 기쁨, 슬픔 등의 다양한 감정들을 풍부하게 가지고 있다. 주위 사람들이 그것들을 알아차리지 못할 뿐이다. "츠바사, 페달에 발 올려!" 하고 소리치며 모습을 살펴보니, 어느새 페달을 밟으며 가고 있었다. "와아!"

균형 잡는 데 어려움이 없자 페달 밟기에 집중할 수 있었다. 다만 처음 출발할 때 페달 밟기를 거들어주지 않으면 어려워 보였다. 언덕길을 내려갈 때 브레이크를 당기는 것도 가르쳐야 했다.

브레이크 당기기와 '정지'에서 멈추기

공원에서 잘 탈 수 있게 되자, 다음엔 동네라는 현장에서 훈련을 시작했다. 우선 가까운 공원까지 자전거를 타고 갔다. 턱도 있고 오르막도 있고 자동차도 피해야 하는데, 그럴 때마다 비틀거리면서도 지치지 않고 도전했다.

페달 밟는 횟수를 세어주며, "40번이나 밟았어. 대단하구나!" 하고 칭찬하면서 "다음은 50번!" 하고 목표를 정해주었다. 이렇게 해서 70번까지 밟게 되자, 츠바사는 이제는 자기 혼자서도 괜찮겠다는 자신감을 얻은 듯했다.

브레이크 잡는 훈련은 "브레이크, 꾹!" 하고 말하며 츠바사의 손과 브레이크를 내 손으로 움켜쥐어 말과 신체 감각을 일치시키는 작업이었다. 내 손을 떼어내고 다시, "츠바사, 브레이크, 꾹!" 하고 말하면 미약하기는 해도 브레이크를 당기려고 했다. 말과 내 마음이 츠바사에게 온전히 전달되고 있음이 느껴졌다. 악력이 생기자 브레이크 문제도 해결되었다.

마지막으로 '정지' 표시를 알려주었다. 갑자기 튀어나오는 것이 가장 위험하므로 '정지' 표시에서는 반드시 멈추도록 동네에 있는 일시정지 위치에서 꼼꼼하게 가르쳤다. 글자를 읽을 수 있으니 이것도 금세 할 수 있었다.

철로변 도로를 혼자서 거침없이 달려가는 츠바사의 뒷모습을 보면서 '이젠 정말 잘 타는구나!' 싶어서 감개무량했다. 문제없이 자전거를 타게 되자 출발할 때도 어떻게든 자기 힘으로 해보겠다고 의욕적으로 도전을 이어갔다. 그 뒤로는 나도 같이 자전거를 탔다. 자랑스러움이 가득한 츠바사의 얼굴을 보며, 다시 한 번 감동했다!

뭔가를 가르치고 싶을 때는 내가 먼저 해본다

'츠바사에게 이걸 가르쳐주고 싶은데, 어떻게 가르쳐야 좋을까?' 할 때는 항상 내가 먼저 직접 해보면서 과제를 확인한다.

'티셔츠 입기'를 예로 들면, 나는 거의 무의식적으로 행동하지만 그 과정을 되짚어보면 다음의 다섯 가지 행동 단계가 있다. 첫 번째, 뒤집혀 있는 티셔츠를 다시 뒤집어 바로잡는다. 두 번째, 등 부분을 위로 향하게 놓는다. 세 번째, 두 손으로 위쪽 천을 집어 들고 머리를 집어넣을 공간을 만든다. 네 번째, 머리와 두 팔을 집어넣는다. 다섯 번째, 머리와 손을 뀐다.

그 다음엔 츠바사를 염두에 두면서 그 하나하나를 검토한다. 츠바사가 할 수 있을지 여부를 검토하고, 이것 말고도 못하는 일들이 많은데 지금 꼭 이걸 츠바사에게 가르쳐야 하는지도 검토한다.

마지막으로 가르치는 데 필요한 것들을 생각한다. 츠바사가 이해하기 쉬운 방법을 브레인스토밍으로 생각해보는 것이다. 티셔츠 입기는 츠바사가 이해하기 쉽도록, 그리고 순서가 매끄럽게 진행되도록 표시를 달아두기로 했다.

이제 남은 건 츠바사와 함께 해보고 점검하는 일이다. '실패는 성공의 어머니.'라고 했다. 실패 속에 성공으로 가는 힌트가 숨어 있다.

머릿속으로 생각했던 것과는 달리, 실패는 내 눈으로 확인할 수 있고 내 귀로 들을 수 있다. 츠바사의 동작, 츠바사의 표정, 츠바사의 눈길이 향하는 것 등을 관찰하여 츠바사의 마음을 알 수도 있다. 그리고 긴장하는 기미, 손발을 어떻게 움직였는지, 언제, 어디서, 누가 주변에 있었는지, 하는 전후 상황, 변화 등에도 주의를 기울여야 한다.

그런 정보들을 통해 츠바사가 무엇을 모르는지, 왜 못하는지, 무엇이 싫었는지 등을 상상해본다.

모르는 것은 좀 더 알기 쉽게 해주고, 할 수 없었던 일을 재시도할 때는 정신이 산만해지지 않도록 환경을 정돈해주며, 수준이 너무 높다 싶으면 조금 낮추거나 과제량을 줄여서 다시 도전한다.

아이와 함께 즐기며 놀자!

놀이 속에는 츠바사와 주변 세계를 연결해주는 열쇠가 있다. 책에는 유머와 상식과 규칙이 있고, 텔레비전과 DVD 영상에는 다양한 놀이가, 게임에는 실제 모험으로 연결되는 동굴이나 성, 외국이 있다.

츠바사와 함께 즐길 수 있는 놀이를 알아보자. 규칙과 방법만 알면 가족이 아닌 사람과도 관계를 맺을 수 있다. 놀 때가 있으니까, 기다릴 줄도 알게 되고 목표를 향해 노력하는 것도 배워간다.

자, 같이 놀자!

텔레비전이 좋아, DVD가 좋아!

츠바사가 제일 먼저 흥미를 보인 건 텔레비전 광고였다. 텔레비전 광고는 음량이 크고 상품명에 가락을 붙여 반복하기 때문에 외우기 쉽다. 똑같은 영상에 똑같은 소리가 매일 반복된다는 점도 몰입하기 쉬운 요소다.

좋아하는 만화영화 〈토토로〉

츠바사가 처음으로 마음에 들어한 DVD는 만화영화 〈이웃집 토토로〉였다. 가장 좋아하는 장면은 나무 밑동 안 동굴로 떨어진 주인공 메이가 커다란 토토로의 푹신푹신한 배 위에서 "네가 토토로니?" 하고 묻는 장면과 "이쪽이야!" 하며 아빠와 언니 사츠키를 그 동굴로 안내하는 장면이었다.

좋아하는 장면은 되돌리기를 해서 몇 번이고 되풀이해 봤다. 너무 반복하는 바람에 온 가족이 대사를 외울 정도였다. 슬픈 장면은 빨리 돌리기를 해버렸다.

하루는 "변함없이 곱슬머리구나, 내 어릴 때랑 똑같아." 하며 츠바사가 내 머리를 쓰다듬었다. 영상 그대로 따라하는 흉내 내기를 하는 거였다. 그 이후 '토토로 놀이'는 나와 츠바사가 소중히 여기는 놀이가 되었다.

요즘은 일주일 동안 노력한 데 대한 상으로 DVD를 한 개 빌려다 준다. DVD 시청은 츠바사의 가장 기본적인 놀이다.

재미있는 텔레비전 프로그램

뜻밖이었던 것은 츠바사가 텔레비전의 예능 프로그램을 좋아하는 거였다. 특히 '신호기 게임' 코너를 좋아했다. 이 게임은 출제자가 "빨강, 빨강, 파랑." 하고 말하면 응답자가 "토마토, 토마토, 바다." 하고 그 색깔이 연상되는 낱말을 대답하는 놀이다. 진 사람의 반응이 재미있는지 츠바사는 깔깔거리며 방바닥에서 구르기라도 할 것처럼 웃었다. 어린이집을 오가는 길에 둘이 종종 이 게임을 하며 놀았다. 벌칙으로는 간지럼을 태웠다. 어린이집 선생님에게 이야기했더니, 방법을 묻고는 바로 놀아주셨다.

스포츠 프로그램도 좋아했다. 규칙이 단순하고, 짧은 시간 안에 결말이 나며, 반복되는 점을 좋아하는 것 같았다. 경마와 경륜을 즐겨 봐서 나와 남편이 말이 되어 츠바사를 등에 태우고 텔레비전 앞에서 경마 놀이를 하곤 했다. 마지막 직선코스에서 채찍도 들게 해주면 츠바사는 좋아서 깔깔거렸다.

드라마 〈히카루와 함께〉도 좋아!

드라마 〈히카루와 함께〉(자폐아 히카루의 성장 과정을 사실적으로 묘사한 만화를 원작으로 한 드라마)도 좋아했다. 좋아하는 장면은 모두 나서서 주인공인 히카루를 찾아다니는 장면이었다. 교장 선생님의 "히카루 군~!", 어머니의 "히카루!", 담임교사의 "히카루 군!" 등 각 인물의 목소리를 흉내 내며 좋아했다. 츠바사는 애타게 사람을 찾는 장면이 아니라, 흥미롭게 겹치는 소리나 반복되는 리듬이 재미있는 눈치였다.

또 하나 츠바사가 좋아하는 장면은 히카루가 등교하는 장면으로, "책가방, 히카루, 학교, 간다." 하고 또박또박 말하는 히카루의 대사를 흉내 냈다. "히카루와 츠바사는 닮았다 안 닮았다, 어느 쪽?" 하고 물으면 "닮았다."라고 대답했다. 공감 가는 점이 있는지도 모르겠다.

“텔레비전은 아이들에게 해롭다.”고 하지만, 츠바사는 텔레비전에서 다양한 정보를 얻고 있다. 일기예보 시간에 나오는 일본 지도를 보고, “오사카다!” 하고 손가락으로 가리킨 적도 있다. “우리도 여행 갔었지.” 하고 답해주었다.

다양한 정보가 츠바사의 머릿속과 마음에서 연결되어간다. 앞으로도 이런 것들을 잘 활용하여 츠바사와 함께 즐기고 싶다.

그림책 읽어주기에서 다양한 체험으로

잠자기 전에 그림책 읽어주기는 큰애가 어릴 때부터 늘 해왔던 일과이다. 남편이 밤늦게 귀가했기 때문에, 우리는 나란히 침대에 누워 큰애가 좋아하는 그림책, 츠바사가 고른 그림책을 읽었다. 그 시간은 내게도 평화롭게 쉬는 시간이었다. 책을 읽어주다가 내가 먼저 잠들어 버려, 큰애가 깨운 적도 많았다.

그림책에서 모방 놀이로

츠바사가 흥미를 보인 첫 그림책은 《코끼리 크레용》이었다. 코끼리가 동물들을 괴롭히며 크레용으로 요란하게 그림을 그린다는 이야기인데, 내가 거칠게 그림 그리는 흉내를 내면서 읽어주면 아주 재미있어했다. 엄마의 행동에 별 관심을 보이지 않던 츠바사였던지라, 재미있어 하는 모습에 나도 신이 나서 몇 번이고 읽어주었다.

《고릴라 아저씨네 빵집》, 《용감무쌍 염소 삼형제》처럼 화내는 장면이 있는 그림책도 좋아했다. 나는 실감나는 목소리와 몸짓으로 재미있게 읽으면서 아이들을 즐겁게 해주었다. 그런 내 모습을 봐서인지, 하루는 츠바사가 《커다란 순무》 흉내를 내며 잠든 아빠를 "영차, 어영차." 하며 일으켰다. 흉내 내기를 시작한 것이다.

《구급상자》는 아이를 즐겁게 해줄 뿐만 아니라 지식과 정보도 준다. 이 책은 손가락이 문에 끼었을 때, 화상을 입었을 때 등 부상이나 질병에 대처하는 방법도 가르쳐주었다. 츠바사가 넘어져서 무릎이 까졌을 때 "상처에 묻은 먼지를 씻어줍니다."라며 치료를 해주었다. 아이가 다치면 다친 것도 문제지만 이런저런 처치에 깜짝 놀라 분노발작을 일으키기가 쉬운데, 이 그림책으로 예측이 가능해진 것이다.

그림책을 읽고, 실제로 체험하고, 그림도 그리고

《커다란 커다란 고구마》는 어린이집에 다니는 아이가 고구마를 캐고, 그림을 그리고, 요리를 한다는 이야기책이다. 츠바사는 고구마 캐기 체험을 하고, 그림책으로 다시 체험하고, 그림을 그리거나 요리를 하거나 해서 또다시 실제로 체험했다. 직접 체험한 뒤에 그림책으로 다시 체험하면서 자칫 깨끗하게 잊혀질 일들이 츠바사에게 단단히 뿌리 내리는 것 같았다. 그림책의 힘은 참 대단하다!

이 그림책을 보고 츠바사는 아주 커다란 고구마를 그렸다. "고구마 맛탕 먹고 싶은데.", "감자튀김 먹고 싶은데." 하고 조르기도 했다. 그러면 나는 얼른 맛있게 만들어주었다.

게임 속 가상 세계에서 현실 세계로 뻗어가기

형이 게임하는 걸 구경하는 것으로 만족하던 츠바사가 요즘은 지기기 지러고 하면 재시동 버튼을 누르고 "형아, 한 번 더 하자!" 하고 부탁한다. 가만 보니 츠바사가 이길 때도 종종 있다. 형을 이기고 싶다는 생각도 하게 된 모양이다. 지금까지 형은 재미난 것을 가르쳐주는 사람, 어려운 일을 도와주는 사람이었는데, 형을 이기겠다는 생각을 하게 되다니!

그 뒤로 형을 이길 뿐만 아니라, 게임에서 고득점을 올리기도 했다. 기억력이 좋아서 코스 같은 것을 금방 암기해버리는 모양이다. 형도 몇몇 게임에서는 츠바사를 당할 수 없게 되었다.

게임으로 즐겼던 동굴 탐험을 실제로 하기

게임에서는 다양한 세계를 가상으로 경험할 수 있다. 〈드래곤

퀘스트〉 게임은 동굴 탐험을 하는 것인데, 게임을 하고 난 뒤에 우리 가족은 실제로 동굴 탐험을 하러 나섰다. 어떤 게임은 성을 배경으로 하는데, 그때도 성 관광을 하러 갔다. 또 '감옥'이나 '수배자'란 말도 게임을 통해서 배웠다. 가게나 은행을 습격하다 실패해 감옥에 들어간다는 게임인데, 여기서는 못된 짓을 하면 경찰관이 잡아간다는 사회 규칙을 배웠다.

실제로 츠바사가 친구를 때리거나 친구 물건을 돌려주지 않았을 때, 나는 이 게임을 유용하게 활용했다. "못된 짓을 하면 경찰관 아저씨한테 잡혀가 감옥에 가야 해요. 감옥에 가면 게임도 못 하고 텔레비전도 못 봐요. 엄마와 아빠, 형과 헤어져서 계속 거기서 자야 해요. 엄마는 매일매일 츠바사와 있고 싶은데, 그렇게 되면 너무 슬퍼요." 하고 이야기하면 츠바사도 내 말을 이해하고 잘못했다는 모습을 보였다. 그렇게 아이가 반성을 하면 꼭 안아주었다.

게임이라면 대등하게 놀 수 있다

어느 날, 큰애가 "엄마, 츠바사가 '베네치아에 가고 싶다.'라고 말했어요!" 하며, 자신도 모르는 외국 지명을 알고 있는 츠바사에게 적잖이 놀란 눈치였다. 큰애는 중학교 1학년, 츠바사는 초등학교 3학년인데 말이다. 알고 보니 주인공이 베네치아나 인도 등을 여행하며 싸움을 하는 게임의 영향이었다. 마침내 그런 데까지 관심을 갖게 되었구나, 하고 대견한 마음이 들었다. 〈큰북의 달인〉에서는 온갖 곡을 익힐 수 있었다. 드보르작의 〈신세계〉를 콧노래로 흥얼거리기도 했다. 음악 세계를 체험해보는 것도 좋겠다는 생각이 들었다.

언젠가부터 츠바사는 혼자서 게임을 즐겼다. 새 게임이 나와도 며칠이면 완전히 익숙해졌다. 패턴을 파악하기 때문인 모양이다. 이제 나는 츠바사를 따라가지 못한다. 큰애 친구들의 동생과 게임을 할 때는 츠바사가 도와주기까지 한다. 게임할 때는 부족한 것이 없으니, 또래 아이와 대등하게 놀 수 있었다.

게임은 츠바사가 방과 후에 하는 놀이들 중에 아주 중요한 것 중 하나가 되었다. 게임은 DVD나 텔레비전과 마찬가지로 츠바사에게 새로운 어휘에 대한 지식을 준다. 요즘 츠바사는 원하는 게임 소프트웨어를 사려고 저금통에 착실히 돈을 모으고 있다. 원하는 것을 구하기 위해서는 일을 해야 한다는 것을 가르칠 수 있는 기회가 될 것 같다. 하고 싶은 일, 원하는 것이 있다는 것은 참 좋은 일이다.

노래방에서 가족이 함께 즐기기

말은 서툴지만 노래를 잘하는 츠바사는 광고음악이나 텔레비전에 자주 나오는 노래들은 어느새 익혀서 흥얼거렸다.

처음에는 노래를 부르지 않아도 만족

나와 남편은 노래방을 참 좋아한다. 우리는 날을 잡아 츠바사를 데리고 노래방에 갔다. 차례 기다리기를 잘 못하는 츠바사에게 자기 차례를 기다려야 한다는 규칙을 가르칠 수도 있는 좋은 기회였다. 큰애, 츠바사, 나, 남편 순서로 곡명을 입력했다. 츠바사를 위해서는 평소에 부르던 노래나 자주 시청하는 텔레비전 프로그램에 나오는 노래를 골라주었다.

츠바사는 처음으로 마이크를 넘겨 받았을 때, 어떻게 해야 할지 몰라서 "후우후우." 하는 숨소리밖에 내지 못했다. 하지만 좋아하

는 곡이 흘러나오니 방글방글 웃었다. 화면에 나오는 영상 중에는 만화영화도 있어 츠바사의 시선을 끌었다. 큰애가 노래하는 것을 보며 중얼거리기에 얼른 마이그를 갖다 대주자, 다시 입을 꼭 다물어버렸다.

나는 일단 곡명과 번호를 따로 적어두었다. 츠바사가 방글방글 웃거나 시선을 집중한 노래에는 '눈 표시'를, 입을 움직여 중얼거린 노래에는 '하트 표시'를 덧붙였다. 감자 칩을 두 바구니나 추가로 주문하고, 주스도 마시면서 간식으로 요기도 했다. 츠바사를 보니, 노래는 하지 않았어도 만족스러워하는 눈치였다. 그렇게 한 시간쯤 놀다가 집으로 돌아왔다.

츠바사가 노래를 했다!

노래방에 몇 번을 드나들다보니, 츠바사가 만화 주제가를 따라 불렀다. 그 순간 우리 가족은 모두 감격했다.

츠바사는 그 뒤로 다양한 노래를 불렀다. 가사를 쫓아가느라 정신없어하면 내가 작은 소리로 노래하며 도와주었다. 하루는 종이에 적힌 노래 목록을 보여주며 “어느 것?” 하고 묻자, “이거!” 하고 손가락으로 가리켰다. 사소한 일이었지만 아이의 마음을 안다는 게 그렇게 기쁠 수가 없었다. 츠바사도 스스로 선택한 것이 기쁜지 노래방의 매력에 더 빠지는 것 같았다. 집에서도 그전에는 보지 않던 음악 프로그램에 열중했다. 이 프로그램은 화면에 가사를 내보내주는데, 츠바사가 “노래방이다!” 하며 모르는 곡인데도 화면의 가사를 따라 부르려고 애를 썼다.

노래방 기기를 조작하다

하지만 늘 성공했던 건 아니다. 그 무렵, 할머니에게도 츠바사의 미성을 들려주고 싶어서 다 함께 노래방에 갔다. 그런데 할머니가 낯선 전통가요를 부르자 츠바사가 "이제 안 돼 ! 그만!" 하고 외쳐서 노래를 망쳐버렸다. 큰애 친구 가족과 같이 갔을 때도 그랬다. 그 가족은 외국 노래를 많이 불렀는데, 늘 부르는 노래에만 익숙해진 탓에 새로운 노래나 목소리에 거부감이 생겼던 모양이었다.

그래서 당분간은 우리 가족끼리만 노래방에 가기로 했다. 츠바사가 받아들이는 폭이 여러 면으로 넓어지고 있어서 많이 걱정하지는 않았다. 요즘 츠바사는 노래 번호를 직접 입력하려고 하는 단계까지 왔다. 노래방 기기에 대해서도 많이 이해하게 된 모양이다.

함께 몸을 움직여보자!

자폐아들은 대개 성장하면서 비만 문제를 겪는다. 취미나 여가 활동이 없는 아이는 먹는 걸 취미 삼고, 부모는 부모대로 아이가 잘 먹으니까 자꾸만 먹을 걸 주기 때문이다. 그래서 아이가 몸을 움직이는 것은 아주 중요한 일이다.

산책의 즐거움을 느끼게 해주기

어느 날 어린이집 원장 선생님이 우리를 불러 츠바사를 산책시키는 건 부모 몫이라고 이야기했다. 하지만 츠바사 입장에서 생각하면 산책이란 게 도대체 어디에 가는 것이고, 뭐가 즐거운지 잘 모르겠다 싶을 것이다. 그래서 우리는 츠바사가 산책을 즐길 수 있는 방법을 궁리했다.

첫 번째 방법은 산책하면서 들를 곳을 폴라로이드 카메라로 찍

하루노다이 공원

소방서

분카 유치원

혀를 낼름거리는 멍멍이

어서 츠바사에게 미리 설명해주는 것이고, 두 번째 방법은 산책 경로에 츠바사가 좋아하는 곳을 넣거나, 산책 중에 작은 과자를 선물해서 산책의 즐거움을 느끼도록 유도하는 것이다.

첫 번째 방법을 실행하기 위해서 남편과 나는 먼저 어린이집 선생님에게 산책 경로를 알아본 다음, 사진을 찍으러 나갔다. 폴라로이드 사진은 여백에 글을 써넣을 수 있어서, 쉽게 사진 카드를 만들 수 있었다. 그 다음에는 어린이집 선생님에게 폴라로이드 카메라를 맡겨놓고, 어린이집의 산책 경로가 바뀌면 그 카메라를 이용해 카드를 만들어달라고 부탁했다. 부모인 우리가 먼저 계기를 만들어서 실천해보고, 그게 츠바사에게 효과가 있다는 것이 확인되면 선생님도 도움을 주실 거라고 생각한 것이다.

두 번째 방법으로는 먼저 츠바사가 좋아하는 장소를 골랐다. 츠바사는 택배 회사의 집배 센터, 유치원 주차장, 소방서 등을 좋아했다. 집배 센터에는 트럭이 많고, 유치원 주차장에는 귀여운 그림이 그려진 유치원 버스 두 대가 나란히 서 있었기 때문이다. 그즈음 츠바사는 차에 관심이 쏠려 있었다. 츠바사가 공원까지 가는 다른 아이들의 산책 길에 동행해주면, 그 다음은 모두들 츠바사의 취향에 따라주었다.

엄마와 함께 수영하기

수영은 치료 교육 상담을 위해 다니던 센터에서 만난 어느 보호자 분이 권해주었다. 추천받은 수영장에 있던 커다란 일정 일람표에는 기본 설명, 세세한 동작이 표현된 그림, 킥 판을 손으로 잡는 곳을 표시해놓은 손 그림 등이 있어 이해하기 쉬웠다.

그전까지는 수영장에 들어가도 늘 업혀만 있던 츠바사가 킥 판을 사용하는 것을 보니 감동적이었다! 시각화하고 일정표를 보여주는 것만으로 이렇게 달라지는구나, 하고 새삼 깨달았다. 여기서는 부모들이 수영장 측과 상의해서 장소를 빌리고 계획을 세워서 수영을 했다. 수영의 목적도 부모와 자녀가 서로 스킨십을 통해 교감을 나누는 것이었다. 부모들의 열의가 느껴지니 용기가 났다. 당연히 우리도 바로 등록했다. 내가 시범을 보이면 츠바사가 열심히 따라해주었다. 츠바사는 차츰 얼굴을 물속에 넣고 발차기하는 동작이 능숙해졌다. 수영장에서 할 수 있는 놀이도 다양하게 고안하다 보니, 츠바사와 둘이 함께하는 수영이 점점 즐거워졌다.

가족 모두가 함께 등산하기

집 근처에 있는 작은 산을 오르기로 했다. 이 산은 정상으로 가는 길이 단순해서 좋았다. 학교에서도 소풍 때면 근교에 있는 산들을 올랐는데, 히와다 산은 그리 높진 않지만 바위절벽이 있어서 간단한 암벽등반 비슷한 체험을 할 수 있었다. 우리는 등산다운 등산을 할 수 있을 것 같아 그 산에 가기로 했다.

첫 등산길에서는 과연 괜찮을까 걱정도 많이 했지만, 츠바사는 총총걸음으로 잘도 올랐나. 도중에 뱀을 만나 한바탕 소동을 겪기도 했지만, 정상에 도착하자 그곳에서 다 함께 도시락을 먹고 내려왔다. 아기 울음소리는커녕 사람 목소리라곤 일절 들리지 않는 조용한 곳이어서, 우리 모두 평온한 기분으로 자연을 만끽했다.

마라톤에 빠지다

어느 날 츠바사가 텔레비전의 마라톤 중계방송을 보다가 "호놀룰루 마라톤 대회에 가고 싶어." 하고 중얼거렸다. 학교에서 중등부 학생들이 아침마다 하는 마라톤 훈련을 봐온 것도 영향을 미쳤던 것 같다. 그래서 처음으로 마라톤에 도전했다.

츠바사는 처음 오백 미터 정도를 달리고 나서는 달리다 걷다 하며 산책을 했다. 천 미터쯤 되는 지점에서 내가, "츠바사, 그만할까?" 하고 묻자, "아니, 더 해!" 하며 달리기를 멈추지 않았다. 결국 내가 먼저 나가떨어졌다. 츠바사는 결승점까지 완주하고 나서 주스를 마시고 돌아왔다. 마라톤이 아주 마음에 드는 모양이었다. 그 뒤로는 나도 체력 단련에 힘쓴 덕분에 천 미터 정도는 쉽게 완주했다.

요새는 아이와 함께 달린다. 처음에는 전력질주를 하다가 지치면 걷는 츠바사의 페이스대로 달렸다. 그 뒤로는 일정한 페이스로 달리는 것을 가르치고 싶어 남편과 내가 양쪽에서 아이의 손을 잡고 천천히 달리는 연습을 했다. 200미터는 느리게, 200미터는 걷는 식으로. 츠바사가 천천히 달릴 수 있게 되자, 나와 츠바사가 달리는 동안 큰애와 남편은 트럼펫 연습을 하며 온 가족이 넓은 공원에 나와 계절을 만끽한다.

경마장, 야구장에도 갑니다

주말에 시간이 되면 텔레비전의 경마 중계를 즐겨 보는 츠바사 덕분에, 우리 부부는 "조만간 경마장에도 데려가야겠는걸." 하는 새로운 입버릇이 생겼다. 5월 연휴 때, 드디어 그 꿈을 이뤘다.

츠바사는 경마장에 도착하자 처음엔 출발점 앞쪽에 진을 치고 앉았다. 하지만 속도가 절정에 달하는 걸 보고 싶었는지 자연스럽게 결승점 쪽으로 자리를 옮겼다. 말들이 달리는 레이스 중간 중간에 주먹밥과 찹쌀떡, 감자 칩, 주스 등 츠바사가 좋아하는 것들을 매점에서 사주면서 즐겼다. 츠바사는 생생하고 힘이 넘치는 경마를 눈앞에서 보는 데 크게 만족한 눈치였다.

프로야구를 볼 수 있는 세이부 돔도 우리 집에서 가깝다. 자주 가는 상가에서 곧잘 무료입장권을 나눠주어서 한번 가보자 했다. 그런데 한 시간 정도 구경하니 큰애가 먼저 지루해하고, 곧이어 츠바사도 "집에 가자!"고 했다. 경기는 이제 막 불붙기 시작했는데, 우리는 야구장을 나서야 했다. 그렇게 두세 번 더 야구장을 찾자 아이들도 점차 더 오래 앉아 있었고, 마침내는 경기 후반까지 볼 수 있었다. 7회에 들어가면 풍선 비행기를 띄우는 이벤트도 있고, 시합 후반의 열띤 응원도 체험할 수 있기 때문이다. 이제는 우리 가족 모두 시합이 끝날 때까지 야구경기를 즐긴다.

* 7 *

모두 함께 밖으로 나가보자!

장 보러 갈 때 데려가면 갓난아이 우는 소리에 분노발작을 일으키고, 영화관에 데려가면 불쑥 밖으로 나가버리고, 산책하자고 하면 무등 태워달라고 하는 츠바사 때문에 우리는 녹초가 되었다. 큰애도 츠바사가 떼쓰는 대로 해주느라 뚱한 얼굴이 되곤 했다. 모처럼 외출해도 귀가할 때는 암담하기 그지없었다. 살아가는 데 필요한 거의 모든 일에 연습이 필요한 츠바사. 지금부터는 츠바사와 함께 외출을 즐기기 위해 어떤 연습을 했는지 소개하겠다.

가족이 함께 외식을 하다

패밀리 레스토랑에서는 손님이 많으면 자리가 날 때까지 가게 문 밖에서 기다려야 하고, 메뉴를 골라 주문해도 음식이 나올 때까지 몇 분씩 기다려야 한다. 또 옆 테이블에 갓난아기가 있어서 울어댈 때도 있다. 그것뿐인가, 회전초밥집에서는 이 접시, 저 접시 집었다가 "하나씩 먹어야지!" 하고 엄마한테 꾸중을 듣는다.

기다리는 게 질색이고, 규칙을 이해하기도 어렵고, 편식이 심하고, 아기 우는 소리를 끔찍이 싫어하는 츠바사에게 외식 장소는 마음이 편치 못한 곳들이다. 그래서 온 가족이 함께 외식을 할 때 츠바사가 지켜야 할 사항들을 가르치기로 했다.

이용 시간, 자리 선택은 이렇게 하면 문제없어

외식을 할 때 낭패 본 경험을 돌이켜보면, 가장 큰 문제는 츠바사가 어린아이 우는 소리를 들으면 분노발작을 일으키는 것이었다. 그래서 갓난아기나 어린아이가 별로 없는 시간대를 찾았다. 몇 번의 실패 끝에, 오전 11시 전후가 좋은 시간대임을 알았다.

자리 선택도 시행착오의 연속이었다. 그러다가 마침내 1층의 가장 구석진 곳에 있는 화장실 앞자리나 주차장 쪽 출구 근처 자리를 잡아, 매장의 카운터를 등지고 앉혔다. 그렇게 하면 츠바사의 시야에 들어오는 것은 눈앞의 형과 아빠뿐이다. 츠바사 옆자리에는 내가 앉았다. 그때까지의 경험으로 봐서, 츠바사는 시각과 청각을 동시에 자극받으면 분노발작을 일으키지만, 청각자극만 있을 때 의외로 괜찮다는 것을 염두에 둔 것이다.

기다릴 줄 모르는 아이도 이렇게 하면 문제없어

두 번째 문제는 츠바사가 도통 기다릴 줄을 모른다는 것이었다. 주문하는 대기 줄이 길게 늘어서 있는 것만 봐도 츠바사는 바로 기분이 상했다. 기대가 큰 만큼 당장 못 먹으면 안 되는 것이었다.

11시는 손님도 별로 없고 계산대 앞에 줄지어 서 있는 사람도 거의 없어 좋았다. 하지만 뭘 먹을지 고르느라 기다리는 시간이 길어지곤 했다. 그래서 식당에 도착하기 전에 미리 주문 내용을 정해두었다. 그러면 기다리는 시간을 조금이라도 줄일 수 있으니까. 이것으로 우리 쪽 준비는 끝났지만, 서툰 종업원을 만나 주문에 착오가 생기는 등의 이유로 결국은 한참을 기다려야 하는 경우도 생긴다.

그럴 때 츠바사가 '기다린다'는 것을 의식하면 짜증을 내기 때문에, 다른 일을 하게 해서 관심을 돌렸다. 주문과 동시에 "우리 손 씻자." 하며 츠바사를 다독여 손을 씻기고, 정해놓은 자리에 앉혔다. 그리고 주문한 메뉴가 나올 때까지 '대기시간용 놀거리'인 휴대용 게임기나 그림책, 게임책 중에서 츠바사가 직접 골라 놀게 했다.

기다리는 것이 질색인 츠바사는 자기 몫을 다 먹으면 다른 가족이 먹는 중이라도 "잘 먹었습니다, 돌아갑니다!" 하고 주차장에 있는 차로 돌아가버렸다. 그러면 가족 가운데 한 명은 츠바사와 함께 차로 돌아가 다른 가족이 다 먹고 나올 때까지 기다려주었다. 이 일은 가족들이 돌아가며 맡았다.

차례 지켜 주문하기, 모두 다 먹을 때까지 테이블에 앉아서 기다리기 등 가르치고 싶은 건 너무 많았지만, 일단 첫 목표는 츠바사가 분노발작을 일으키지 않고 가족이 외식을 즐겁게 하는 거였다. 그렇게 성공 체험을 자꾸 되풀이해가다가 이 목표가 달성되자 식사예절 지키기에 도전했다.

큰 소리 내지 않고 식사하기

이것은 평소 집에서 식사할 때도 신경을 쓰는 부분이다. 큰 소리를 낼 때마다 "음량 5.", "조용히 먹자." 하며 주의를 주었다. 집에서는 큰 소리를 내도 괜찮고 밖에서는 안 된다고 하면, 츠바사는 이해하기 힘들어 하기 때문이다.

식사 중에는 자리를 뜨지 않는 것도 평소에 집에서 훈련시켰다. 처음에는 바닥에 앉아 낮은 식탁에서 식사했는데, 이렇게 하면 자리 뜨기가 쉽고 일어서서 먹기도 하는 탓에 의자를 이용하는 식탁으로 바꿨다. 츠바사가 다른 데 정신이 팔려 자리를 뜨면 "잘 먹었어요?" 하고 묻고, "잘 먹었습니다." 하고 대답하면 밥이 남아 있어도 정리했다. 그것으로 마무리를 분명히 지어주는 것이다. 더 먹고 싶어 할 때는 다시 자리에 앉아 먹게 했다. 외식을 할 때도 같은 방법을 썼다.

흘리지 않고 먹고 마시기

츠바사는 주스를 마실 때마다 옷에 흘렸다. 구부리는 빨대를 꽂은 주스를 마실 때, 주스 컵을 너무 기울여 마셔서 빨대 구멍으로 주스가 샜기 때문이다. 그래서 빨대 꽂는 구멍은 컵 뚜껑 가장자리에 있으니 빨대 구멍 쪽과 반대 방향으로 컵을 기울여 마시게 했더니 흘리지 않았다. 그리고 가능한 몸을 식탁 가까이에 붙여 앉혀서 옷에 흘리는 걸 최대한 방지했다.

음식을 두는 위치도 츠바사 몸에서 조금 떨어진 곳이 좋았다. 바로 앞에 놓으면 츠바사가 살짝만 건드려도 바닥에 떨어져버렸기 때문이다. 이것들 모두 당연하다면 당연한 것들이지만 간과하기 쉬운 것들이다. 외식할 때 필요한 사항들을 가르쳐야겠다고 생각을 하니, 비로소 눈에 들어온 것들이 많았다.

츠바사는 자기 몫의 음식을 다 먹으면 다른 사람의 음식까지 먹으려고 했다. 주로 형의 접시를 노렸다. 처음에는 차분하게 외식할 수 있다는 것만으로도 만족스러워서 웬만한 행동은 눈감아 주었는데, 번번이 그렇게 나오자 결국은 큰애의 참을성도 바닥나고 말았다. 그럴 때는 어쩔 수 없이 큰애는 추가 주문을 해주어야 했다. 하지만 츠바사가 편식이 줄어들면서 남의 것을 가져다 먹는 일도 점차 사라졌다.

그리고 츠바사는 바닥에 떨어진 음식도 태연하게 먹어버렸기 때문에, 바닥에 음식이 떨어지면 우리가 츠바사보다 먼저 주워서 치워버렸다. "먹으면 안 돼!" 하고 무조건 못하게 막으면 기분이 상할 테니까, 내 접시에 있는 음식을 건네주며 "깨끗한 걸 먹자." 하고 말해주었다.

외식할 곳을 계속 개척해가다

집 가까이에 라면 전문점이 있는데, 갓난아기와 함께 오는 손님이 거의 없어서 우리 가족의 외식 장소로 좋아 보였다. 금방 조리해줘 기다리는 시간이 짧은 점도 마음에 들었다. 처음 갔을 때는 내가 작은 접시에 덜어준 라면만 먹던 츠바사가 지금은 1인분을 뚝딱 해치운다.

집 근처에 메밀국수 전문점도 있다. 이 식당도 비교적 한산해서 자주 찾는 곳이다. 이 집에서 츠바사가 좋아하는 것은 삼색 국수이다. 이탈리안 레스토랑도 가봤다. "까망베르 치즈와 감자, 드링크 바를 주문할 거예요." 하면 츠바사는 좋아하며 따라왔다.

택시와 버스, 전철 타기도 놀이가 된다

'탈것'을 유난히 좋아하는 츠바사에게는 탈것을 타는 것 자체가 놀이다. 낱말카드 학습 때 가장 먼저 고른 것도 '탈것 카드'였다.

택시 타러 가자!

처음 택시를 탔을 때, 츠바사는 조수석에 앉으려고 했다. "안 돼." 하며 뒷좌석에 앉혔더니, 몸을 앞으로 쭉 내밀어 미터기 등 여러 기기들을 만지려 들었다. 그러자 운전사가 깜짝 놀랐고, 나도 덩달아 놀라 아이를 눌러 앉히느라 야단을 떨었다. 사실 우리 차에서는 그 자리가 츠바사의 지정석이다. 츠바사는 자칫 방심하면 우리 상식에서 크게 벗어나는 행동을 한다. 택시에서도 마찬가지다.

츠바사는 택시를 무척 좋아했다. 택시를 보면 내 손을 잡아끌어 택시를 가리켰다. 내가 그림책을 보여줄 때 "이건 코끼리." 하고 손가락으로 가리키며 낱말을 들려준 것이 인상 깊었는지, 어떤 대상의 이름을 알고 싶을 때면 내 손을 잡고 '가리키기 행동'을 하곤 했다. 그리고 택시회사 이름을 말해주길 바랐다. 츠바사는 지금도 시내를 달리는 택시 이름을 거의 다 기억한다.

아이가 택시를 좋아하다보니 택시 타기도 놀이에 포함시켰다. 가장 가까운 역까지 20분을 걸어가 역 앞에서 손님을 기다리는 택시를 타고, 기본요금 구간을 달려서 집으로 돌아오는 것이다. 타기 선에 아이에게 몇 가지 규칙, 즉 '뒷좌석에 앉는다', '기계를 만지지 않는다.' 등은 미리 설명해두었다.

"택시 타러 가자!" 하면, 츠바사는 재빨리 준비하고 현관으로 나왔다. 하지만 걷기 시작하면 금세 "안아줘!", "업어줘!" 하고 매달렸다. 그럴 때 "택시 타지 말고 그냥 집에 돌아갈까?" 하면 다시 부지런히 걸었다. 그렇게 역에 도착해서 택시가 눈에 띄면 뛸 듯이 좋아했다. 몹시 기다리던 택시를 타면 츠바사는 뒷좌석에 얌전히 앉아 있고, 미터기도 만지지 않았다.

하지만 때로 함정이 있곤 했다. 이를테면 '고쿠사이 택시'가 아니면 안 된다며 택시 회사를 지정하는 식이다. 그러면 "그 택시는 이번 일요일에 타자." 하고 다독여 넘기고, 다음에 반드시 약속을 지켰다.

나중에 어린이집 졸업식 때, 장래 희망을 말하는 차례에서 츠바사는 "고쿠사이 택시 운전사가 될 겁니다!" 하고 선언했다.

버스라면 구경하는 것도 좋고 타는 것도 좋아!

츠바사는 버스 구경을 아주 좋아해서 알록달록한 유치원 버스나 비행기 등 그림이 그려진 버스를 발견하면 아주 즐거워했다. 어린이집에 다닐 때에는 산책 길에 유치원 버스 보러 가기가 있을 정도였다. 하지만 버스를 타려면 먼저 츠바사에게 지켜야 할 규칙을 가르쳐야 했다.

1 버스 안에서는 '음량 5'로 이야기한다.
2 버스 안에서는 자리에 앉아 있어야 한다.
3 버스를 탈 때 요금을 낸다.
4 시끄럽게 굴거나 뛰어다니면 버스에서 내린다.

이 연습은 남편이 맡기로 했다. 늦게 퇴근해서 츠바사와 함께할 시간이 적었던 남편에게 이것은 아들과 함께할 수 있는 좋은 기회였다. 남편이 츠바사와 함께 버스를 타고 공원에 다녀오는 동안, 나는 집에서 기다렸다. 혹시 츠바사가 시끄럽게 굴거나 자리에 얌전히 앉아 있지 않아 중간에 내릴 경우에 내가 차로 마중가기로 했기 때문이다.

첫 도전부터 츠바사는 잘 다녀왔다. 미리 규칙을 알려준 것이 좋았던 것 같다. 그 뒤로 매달 한 번쯤은 이 놀이를 한다.

전철에서 갑자기 내리려고 하다

전철 타기 연습에는 기다릴 때, 탈 때, 자리에 앉아 있을 때, 서 있을 때의 규칙 등 가르쳐야 할 것들이 많다. 하지만 그전에 먼저 티켓 사기, 개찰구에 티켓 넣기, 티켓 받기, 전철 안에서 조용히 있기 등부터 가르쳤다. 나머지는 조금씩 익혀나갔다.

처음에는 한 구간 타기부터 시작했다. 한 구간을 무사히 다녀오자, 용기를 내서 좀더 멀리 떨어진 곳까지 가는 것에 도전했다.

그런데 전철 안에서 난처한 일이 벌어졌다. 츠바사가 도중에 내리겠다며 자리에서 벌떡 일어선 것이다. 세 정거장은 더 가야 하는데 말이다. 얼마나 더 가야 하는지 알 수 없어 혼란에 빠졌음을 알았다. 그래서 미침 가지고 있던 공책을 꺼내 역 이름들을 써가며, "이번 역 다음에 세 번째 역에서 내릴 거야."라고 알 수 있게 일러주었다. 그리고 사탕을 주어 달랬다. 츠바사는 그제야 납득이 됐는지 목적지까지 버텨주었다.

온 가족이 놀이공원에 가다

놀이공원은 늘 정신없이 북적거리고, 한참 기다려야 하고, 행렬이 늘어서 있는 등, 자폐아가 힘들어하는 일들이 즐비한 곳이다. 그래도 츠바사에게 놀이공원의 재미를 알려주고 싶었다.

우선, 늘 그랬듯이 사전조사부터 했다. 홈페이지에 들어가 놀이기구의 종류, 놀이기구에 따른 연령 제한, 신장 제한 등도 미리 조사했다. 츠바사에게 놀이공원에 갈 거라고 예고하고 무엇이 타고 싶은지도 물어봤다. "대관람차, 탈까? 타지 말까?", "탄다!"

무서운 놀이기구도 탈 수 있다!

츠바사는 기다리는 것을 참지 못하기 때문에, 줄은 남편과 큰애가 섰다. 기구를 타는 순서가 되면, 사람들에게 양해를 구하고 츠바사를 줄에 끼워넣는 방법을 썼다.

대관람차는 대성공이었다. 얼마나 즐거워했는지 모른다. 또 자동차 비슷한 탈것이라면 뭐든지 좋아했다. 너무 좋아하며 "또 탈래!" 하는 놀이기구도 있었다. 위아래로 움직이도록 조작할 수 있는 비행기나 총을 쏘는 효과음이 나오는 놀이기구도 마음에 드는 모양이었다.

뜻밖의 난관은 아이스크림이나 음료수 자판기, 감자튀김이나 팝콘을 파는 매점이었다. 그런 매점들이 눈에 띌 때마다 사달라고 졸라댔기 때문이다. 음식의 유혹이 아주 많았다. 또 한 가지 비행기형 놀이기구를 탈 수 있을 줄 알았는데, "오늘은 강풍으로 인해 운행하지 않습니다."라는 안내방송이 나왔을 때였다. 비행기가 바로 앞에 보이는데 탈 수 없다니, 츠바사는 닫힌 문을 넘어가 타겠다고 야단이었다.

놀이공원에 자주 가다보니 이제 츠바사는 얌전히 차례를 기다렸다. 또 신장 제한을 통과하자 큰애는 무서워서 못 타는 기구들도 과감히 타면서 놀이공원을 마음껏 즐겼다.

고집에도 이유가 있다

츠바사는 유네스코마을의 대공룡관을 무척 좋아해서, 자주 갈 때는 한 달에 두 번도 갔다. 처음 갔던 게 4년 전이니까, 벌써 50

번 가까이 다녀온 셈이다. 사실 다른 식구들은 좀 싫증이 났지만, 츠바사가 못하던 것을 잘하게 되었을 때 '포상용'으로 그만한 것이 없었다. 효과 만점이라 지금까지도 즐겨 찾는다.

물론, 여기에도 문제가 없었던 건 아니다. 대공룡관은 내부가 초록색, 빨간색, 파란색 좌석으로 나뉘어져 있고, 각자 정해진 자리에 앉아 영화를 봐야 한다. 안내원이 일일이 안내해주는데 츠바사는 꼭 초록색 좌석에 앉겠다고 고집을 피웠다. 너무 제멋대로 굴어서 잠시 대공룡관에 데려가지 않은 적도 있다. 그러다가 오랜만에 다시 가게 되었다. 그날은 마침 자리가 텅텅 비어 있어서, 안

내원에게 사정을 말하고 초록색 좌석에 앉혀달라고 부탁했다. 그리고 그날, 츠바사가 초록색 좌석을 고집한 이유를 알았다. 짧은 공룡 영화가 끝나면 보트를 타는데, 초록색 좌석에 앉은 사람들이 가장 먼저 탔다. 츠바사는 초록색이 좋아서 고집했던 것이 아니라, 보트를 탈 때 전망이 좋은 맨 앞자리를 차지하고 싶었던 것이다.

나도 나름대로 고집과 취향이 있다. 다만 나는 그 이유를 설명할 능력이 있기 때문에, "제멋대로 군다."는 말을 듣지 않는다. 하지만 츠바사는 그러지 못해서 이유없이 고집을 피운다고 오해한 것이다. 이제는 츠바사가 고집을 피울 때 무엇 때문인지 그 이유를 제대로 알아야겠다는 생각이 들었다. 그 뒤로 츠바사가 고집을 부릴 땐 반드시 뭔가 이유가 있을 거라고 생각하고 관찰했다. 그러다 보니 차츰 츠바사의 마음을 알 수 있었다.

나와 함께 츠바사를 키운 사람들

츠바사는 나 혼자 키운 것이 아니다. 츠바사를 키우는 데 많은 사람들의 도움과 영향을 받았다.

주변 사람들 눈에는 츠바사가 '제멋대로'에, 때로는 '폭력직'인 이이로 비쳐질 것이다. 그러니 츠바사가 평온하게 생활할 수 있도록 츠바사와 주변 사람들 사이에 다리를 놓는 것도 내가 할 일이다.

이 장에서는 츠바사가 안고 있는 장애를 어떻게 이해시켰는지, 또 어떻게 다가가야 협력을 얻을 수 있는지를 소개하겠다.

츠바사와 사이좋게 자라준 큰아이

츠바사가 장애아이기 전에, 츠바사일 뿐임을 가장 잘 이해한 사람은 바로 큰애이다. 큰애는 츠바사를 그냥 동생으로 귀여워하고, 때로는 화도 내면서 함께 자랐다. 츠바사는 형이 읽는 그림책을 읽고, 형이 보는 텔레비전 프로그램을 보며, 형이 하는 게임을 하면서 자랐다. 두 아이는 지금도 사이좋게 잘 지낸다. 밝게 웃는 두 아이를 보면 마음이 따뜻해진다.

편견 없는 형

큰애가 초등학교 1학년 때였다. "츠바사, 말을 못하면 초등학교에 못 들어가." 하며 큰애가 츠바사를 앉혀놓고 말하기를 가르치려 했다. 초등학교 1학년이 되자 형으로서 나름 츠바사를 걱정했던 모양이다. 그때, '이제 큰애에게도 동생의 장애에 대해 이야기

해줄 때가 되었구나.' 하고 느꼈다. "어린이집 다닐 때 Y라는 친구 기억하지? Y는 벚꽃반(큰아이들 반)인데도 못하는 게 많았잖아? 츠바사도 Y랑 비슷해. 다른 아이들보다 느려." 큰애는 츠바사의 '느림'을 자연스럽게 받아들였다.

그 뒤, 《장애를 이해하는 책》이라는 초등학생용 책을 사서 조금씩 읽어주었다. 장애를 가진 아이들의 어려움, 그 어려움을 조금이라도 덜어주려는 주위 사람들의 노력, 사람과 사람 사이에 다리를 놓고 편견의 문턱을 넘으려고 애쓰는 사람들의 따뜻한 마음이 담긴 감동적인 책이었다. 눈물이 많은 나는 읽어주다가 울 때도 많았다.

큰애는 6학년 종합학습시간(교과 외 학습시간으로 체험학습을 주로 한다)에 자폐증에 대해 발표했다. '집안 얘기를 그렇게 공개하지 않았으면…….' 하는 생각도 들었지만, 한편으론 큰애가 그렇게 동생을 받아들였구나 하고 마음이 놓이기도 했다.

우리 집에서도 큰애가 가장 편견 없는 사람이다. 지금은 복지에 관한 일을 하고 싶다고 이야기한다. 하지만 늘 좋기만 한 건 아니었다. 츠바사가 1학년일 때, 그해 여름에 큰애가 다니는 학교의 돌봄교실(맞벌이 등으로 보호자가 낮에 집을 비우는 가정의 10세 미만 초등학생을 위해 운영하는 방과후 프로그램)에 츠바사를 맡긴 적이 있다. 그때 큰애가 아이들에게, "네 동생, 바보였구나." 하는 소리를 듣고 충격을 받았다.

별로 친하지 않은 아이에게 츠바사를 이해시키는 것은 쉬운 일이 아니었다. 우선, 아이를 지도하는 교사와 상담해서 어린이집에서도 도움이 되었던 《히카리와 함께》라는 만화책을 교실에 비치했다. 텔레비전에서도 방영한 내용이어서 초등 고학년 아이들도 흥미롭게 읽었다. 나도 아이들에게 수영을 가르치는 일을 도우며 조금이라도 츠바사를 이해시키려고 노력했다.

큰애가 가고 싶어하는 곳을 선택한다

비장애 아이와 장애아를 함께 키울 경우에 아무래도 장애아한테 손이 더 가게 마련이다. 그럴 때 비장애아는 소외감을 느끼거나 부모의 관심을 받기 위해 문제행동을 하는 경우가 종종 있다. 이건 치료 교육 선생님에게 들은 이야기이다. 선생님은 나에게 "비장애 자녀에게 60퍼센트, 장애가 있는 자녀에게 40퍼센트라는 기분으로 키우시면 돼요."라고 조언해주었다. 그 말을 듣고 '큰애를 좀 더 신경쓰며 보살펴야겠구나.' 하고 다짐했다.

그 뒤로 여름방학이면 큰애와 둘이서 맛난 것을 먹으러 가거나, 츠바사가 합숙으로 집을 비울 때 큰애가 가고 싶어하는 곳에 함께 놀러갔다. 최근에 큰애와 예전 일을 떠올리며 이야기하는데,

불쑥 이런 말을 했다. "슈퍼마켓에서 내가 뭘 갖고 싶다고 하면, 엄마는 늘 '10초 안에 결정해.'라고 했어. 기억나?"

츠바사와 생활하느라 한창 혼란스럽던 때의 일이다. 큰애가 여러 모로 마음 고생을 했구나, 하는 생각이 새삼 들었다. 그래도 나름대로는 아이들한테 좋은 일이다 싶으면 갖은 애를 써서 다 해주려고 노력해왔는데……. 큰애도 어른이 되면 그 마음을 알아주겠지, 하고 바랄 뿐이다.

애정과 열의가 있는 선생님을 만났다

어린이집이나 학교 선생님을 만날 때는 어떻게 하면 좋으냐를 두고 인터넷에서도 활발한 이야기가 오가곤 한다. "선생님이 아이가 분노발작을 일으키게 행동한다.", "마음의 준비를 시킬 수 있게 계획표를 일찌감치 달라고 부탁해도 전혀 반응이 없다." 등 불만도 많다.

장애아 치료 교육에 대해 오랜 시간 공부해온 부모들 입장에서는, 장애아의 교육과 지도에 대한 정보와 지식이 부족한 선생님을 만나면 알려주고 싶거나 부탁하고 싶은 것들이 많게 마련이다.

왜 깨무는지 그 이유를 알면

"츠바사가 자꾸 깨물어서 큰일이에요." 어린이집 선생님 팔에 파랗게 멍든 자국이 선명히 남아 있었다. 끔찍하게 싫어하는 소리가 들렸던 것도 아니고, "안 돼!" 하고 강하게 주의를 준 것도 아니었다. 어떤 상황에서 깨무는지 자세히 들어보니, 프로그램과 프로그램 사이의 쉬는 시간에 일어난 일이었다. 깨문 다음에 츠바사가 어떻게 행동했는지를 물어보니, 빙글빙글 웃었다고 한다.

그즈음 츠바사는 그림책 《뒤죽박죽 집 보기》에 나오는 펄펄 뛰며 화내는 장면을 아주 재미있어했다. 아마도 뭘 해야 할지 모를 때 선생님의 팔을 깨물어 선생님의 화난 얼굴을 즐기는 놀이를 발견한 것이 아닐까 싶었다. 그래서 "츠바사가 깨물 때 무표정하게 있어주세요." 하고 부탁했다. 내 생각이 맞다면, 화를 내는 것은 상을 주는 것과 마찬가지였으니까. 그리고 "프로그램 사이의 비는 시간에는 간지럼 태우기 놀이나 신호기 게임 같은 놀이를 시켜주세요." 하고 부탁했다. 마음을 다른 데로 돌리기 위한 조치였다. 그 뒤로는 츠바사가 선생님의 팔을 깨무는 일이 없었다.

선생님과 함께 운동회에 참여하다

학교 행사에 참여하는 것도 우리에겐 꽤 큰 과제이다. 학교 행사는 절대 다수를 차지하는 비장애 아이들을 중심으로 진행되기 때문이다. 평소와 다른 상황에는 잘 대응하지 못하는 츠바사에게 행사 참여는 참 골치 아픈 문제였다. 해마다 열리는 운동회에 우리가 어떻게 대응했는지 당시 알림장을 통해 소개하겠다.

미에 선생님께

선생님, 운동회 때문에 고생이 많으셨습니다. 츠바사는 기다리는 걸 무척 싫어하기 때문에 제가 곁에 없으면 분노발작을 일으킵니다. 그런데 제가 곁에 있으면 운동회보다 엄마와 함께 있기를 원해서 경기에 참여하지 못합니다.

나날이 츠바사와 학급 아이들 간의 흥미나 능력 차이가 점점 벌어지고 있는 것 같습니다. 츠바사는 남들에게 보여준다는 지각을 못하는 아이인 만큼, 스스로 해서 즐겁다, 하고 싶다는 마음을 먹지 않으면 경기에 참여하기 어렵겠다는 생각이 듭니다. 앞으로 어떤 과제를 정해서 훈련시킬지 차차 생각해보겠습니다.

늘 츠바사와 제게 용기를 북돋아주시는 선생님께 감사드립니다. 또 여러 선생님들께 따뜻한 말씀을 많이 들었습니다. 많은 분들의 도움을 받으며 아이를 키우고 있음을 절실히 느낍니다.

츠바사 어머니께

운동회로 수고가 많으셨습니다. 어머님께 늘 도움만 받아서 송구합니다. 츠바사가 운동회 예행연습 때는 전혀 참여하지 못했는데,

운동회 당일에는 달리기와 모자 경기에 참여하며 즐거워하는 것을 보고 저도 매우 기뻤습니다. 이번 운동회를 통해 차례 기다리기도 배울 수 있었을 겁니다.

또 평소 어머님께 들어서 알고는 있었지만 실행하지 못한 것이 많았음을 느꼈습니다. 제가 많이 부족했던 것 같습니다. 이번에 어머님이 아이를 대하는 모습을 보고 애정이 고스란히 느껴졌습니다. 앞으로 츠바사에 관한 일은 어머님과 상의하며 해나가면 되겠구나, 하고 생각했습니다. 모쪼록 잘 부탁드립니다.

이렇게 선생님과 대화가 오가고 난 이듬해, 운동회에 다시 도전했다. 여름이면 츠바사는 다른 학급의 수영 강습 시간이더라도 자기가 좋으면 아무 때나 수영장에 들어가 원하는 만큼 수영을 했다. 하지만 이제는 '벚꽃반(큰아이들 학급) 시간'임을 의식하도록 가르쳤다.

이어달리기는 바통 받기가 어렵다고 해서 첫 주자를 맡기로 했다. 바통을 빌려 집에서 연습하고, 경기 중간 중간 기다리는 시간에는 무엇을 할지도 정했다. 대기 시간이 짧을 때는 평소 교실에서 하던 놀이를 하고, 오래 기다려야 할 때는 소란한 운동장을 벗어나 산책을 하기로 했다. 계획표에는 언제, 어디서, 누구와, 무엇을 할지를, 그리고 해선 안 되는 일과 꼭 익혀야 할 것 등을 넣었다.

미에 선생님의 도움을 받아 자기 차례와 다음을 예상하며 대기 시간을 견디는 연습을 한 츠바사는 마침내 운동회에서 11종목 모두 빠짐없이 참여할 수 있었다.

세 가지를 칭찬하고 한 가지를 부탁한다

선생님도 요구와 비판만 하는 학부모를 만나면 의욕을 잃기 쉽다. 나도 현직 교사라서 교사의 처지와 심정을 잘 안다. 부모인 나조차도 처음엔 아이를 어떻게 대해야 좋을지 몰랐다. 내게도 어려웠던 그날들을 생각하며, 선생님께 늘 감사하는 마음을 잊지 않으려고 노력한다.

'세 가지를 칭찬하고 한 가지를 부탁한다.'는 내가 정한 기본원칙이다. 부탁을 할 때도 "집에서 쓰는 것인데 어린이집용으로도 만들어봤습니다. 써주시면 고맙겠습니다." 하는 식으로 겸손하게 말한다. 츠바사가 어린이집에 다닐 때 그렇게 만들어 전달한 것들은 하루 계획표, 벗은 양말 가지런히 정돈하기를 가르치는 카드, 운동회나 기타 행사 때 이용할 수 있는 계획표, 학급별로 수영장을 이용한다는 규칙 훈육 카드 등이 있다. "학급 일을 열심히 돕는 학부모에게는 조금이라도 힘을 보태주고 싶어요."라고 말하던 동료 교사가 있었다. 선생님도 사람이니 감정에 따라 움직일 때도 있지 않겠는가? 어린이집 행사 때면 나와 남편은 뭐든 도우려고 노력했다.

어린이집과 가정이 함께 공부하고 협력하기

시간이 되면 선생님들과 병원이나 치료 교육 장소를 찾아가 함께 공부하기도 했다. 센터에서는 매달 한 번 상담을 했는데, 이 자리에는 보조 선생님과 원장 선생님도 함께 참석했다. 그래서 문제행동에는 어떻게 대응해야 하고, 어떻게 대해야 성장에 도움이 되는지 등을 상의했다. 이런 점에서는 우리가 운이 좋았다는 생각이 든다. 부모의 주장이 아니라, 제3자의 조언이라 선생님들도 더 귀를 기울여주었다.

면담도 많이 했다. 특히 중요한 학교 행사 전이나 문제행동이 나타났을 때는 알림장만으로는 부족하기 마련이었다. 그럴 때면 직접 찾아가 선생님들과 대화하면서 지원책이나 해결책을 찾았다. IEP(개별지도계획)를 작성할 때도 함께해서 어린이집과 가정이 같은 목표를 정해 협력하는 것이 좋았다.

헌신적으로 함께해준 선생님

우여곡절도 많았지만, 츠바사가 훌륭한 선생님을 만난 것은 행운이었다. 미에 선생님은 젊지만 애정과 열의가 있었다. 애정과 열의가 있으면 교육은 절반을 성공한 거구나, 하고 새삼 절감했다.

미에 선생님은 츠바사가 큰아이 반이 되던 해 봄, "츠바사가 다른 친구들과 함께 졸업식에 참석할 수 있도록 노력하겠다!"는 고마운 말을 해주었다. 그리고 아침 조회와 오후 종례 때 아이들을 마룻바닥에 주저앉게 했던 기존 방식을 바꿔, 의자를 둥글게 배치

해 앉도록 하고 각자 앉는 의자도 정확하게 정해주었다. 또 직원 회의에서, "츠바사가 쉽게 이해할 수 있어야 다른 아이들도 쉽게 이해할 수 있다."고 주장했다고 한다.

눈물이 날 정도로 고마운 일이다. 가족 외에도 츠바사를 도와주는 사람이 있다는 건 참으로 감사한 일이다. 미에 선생님은 내가 가장 어려웠던 시기에 츠바사를 함께 키워준 분이다. 선생님이 헌신적으로 돌봐준 덕분에 츠바사는 졸업식에도 의젓한 모습으로 참석할 수 있었다.

모든 일에 함께 노력해준 남편

츠바사의 첫 진단, 치료 교육 수첩을 받기 위해 찾아간 아동상담소 등 내가 두려움에 사로잡힐 때마다 남편은 늘 내 곁을 지켜주었다.

"힘들지 모르니까 나하고 같이 가." 하며 수많은 난관을 함께 겪어준 남편이 없었다면, 나 혼자 진단받고 집에 돌아와 남편에게 알려야 했다면, 나는 두 번 아파해야 했을 것이다. 그리고 남편에게 정확히 전해지지 않는 부분도 생겼을 것이다. 아이의 진단 결과를 들을 때 부부가 함께 갔던 건 옳은 방법이었다.

어린이집과 갈등을 겪을 때나 원장 선생님과 면담을 해야 할 때도 우리는 늘 함께였다. 그래도 해결되지 않아 시청 복지과에 민원을 넣을 때도, 츠바사가 입학할 초등학교를 결정할 때도, 학교에서 견학을 갈 때도 우리 부부는 서로 협력했다. 학교를 알아볼 때는 남편이 찾아갈 학교, 내가 찾아갈 학교, 둘이서 함께 찾아갈 학교 등으로 나눠 일을 진행했다. 우리 부부는 앞으로도 모든 일을 함께하며 힘을 모아 대처해갈 것이다.

정보 수집과 도구 만들기에 큰 힘이 되어준 남편

남편은 자폐증 관련 사이트도 많이 찾아주었고, 각종 정보 수집에도 공이 컸다. 주위에 자폐아를 키우는 사람이 없어서, 이런 사이트를 통해 같은 고민을 안고 있는 사람이 있다는 걸 아는 것만으로도 '혼자가 아니구나.' 하며 용기를 얻었다. 자폐아 부모 모임 사이트도 찾아주어 그분들과 교류할 수 있었다.

도구나 계획표 만들기 때에도 남편의 활약은 컸다. '이런 게 있으면 좋겠는데…….' 하고 생각만 하고 구체화하는 게 서툰 나에 비해, 남편은 츠바사를 위한 각종 도구 만들기, 엑셀 프로그램을 이용해 계획표 만들기 등 실질적인 일은 잘해주었다.

모든 일은 둘이서 구체적으로 상의하며

처음에 문제행동을 유발하는 요인을 찾는 것부터 우리 두 사람은 힘을 모았다. 츠바사가 거칠게 굴거나 분노발작을 일으킬 때면 뭔가 이유가 있을 거라며 둘이 함께 고민했다.

차 안에 틀어놓은 음악, 코 고는 소리, 비꼬는 목소리 등은 꼭 기억해두었다. 그리고 다른 날 비슷한 상황에서 츠바사가 문제행동을 하면, "아하, 차에서 틀어놓은 음악 때문이야." 하고 알 수 있었다. 대처 방법도 함께 궁리했다. 이런저런 아이디어를 낼 때도 혼자보다 둘이 좋았다.

계획표를 만들 때, 처음 체험하는 것에 츠바사의 반응이 어떨지 예상하는 것도 둘이 함께 상의했다. 때때로 남편은 내가 간과한 문제점을 지적해주었다. 물론 남편이 지나친 문제는 내가 지적해주었다.

직업까지 바꾸며 가족을 지원한 남편

목욕을 시킬 때마다 츠바사가 분노발작을 일으키게 만든 남편이지만, 츠바사가 전철을 타고 통학하면서 매일 동행해준 사람도 남편이었다. 아이와 함께하는 시간이 늘어남에 따라 점점 더 능숙하게 어울렸다. 그러자 츠바사도 남편을 잘 따랐다.

요즘 남편은, "아빠랑 잘 거야!" 하는 츠바사의 말에 행복해 한다. 아침 7시에 출근해 자정 넘어서 귀가하던 남편은 얼마 전에 가족을 지원하기 위해 직업도 바꿨다. 츠바사의 장래도 고려해 공동작업소의 직원으로 이직한 것이다. 나는 수입이 크게 줄 텐데

잘할 수 있을까 하고 내심 불안했다. 하지만 막상 부딪쳐보니 그럭저럭 해나갈 수 있었다. 무엇보다 가족의 행복이 가장 중요하니까 말이다.

남편과 나는 기질과 성격이 달라서 무슨 일을 해도 똑같지 않다. 남편과 나는 서로의 장점을 살려 각자 잘하는 일을 해왔다. 앞으로도 예기치 못한 일들이 많겠지만, 언제나 힘을 모아 극복해나갈 것이다.

에필로그

츠바사가 '장애아' 판정을 받았던 때가 생각난다. 세 살 반 검진을 받을 때가 되어 보건사에게 츠바사의 평소 모습을 설명해주고 어린이집 순회지도 때 츠바사를 봐달라고 부탁했다. 그때 H치료교육 센터를 소개받고 2주에 한 번씩 다니기로 했다. 그리고 1월, 츠바사가 네 살 반이 되었을 때, 원장 선생님이 장애아를 위한 보조 선생님을 신청했다고 알려주었다. 내게 츠바사는 그냥 츠바사일 뿐인데, 그 아이에게 '장애아'라는 이름표가 붙여지고 만 것이다. 너무나 충격적이었다. 그때 나는 어린이집 알림장에 이렇게 적었다.

> 장애아를 위한 보조 선생님을 신청했다는 원장 선생님 말씀을 듣고 너무 큰 충격을 받아 잠시 몸을 가누지 못했습니다. …… 그 뒤 많은 사람들에게 여러 이야기를 듣고 지금은 안정이 되었습니다. 또

츠바사는 츠바사 나름의 리듬으로 성장한다는 것, 온 가족이 협력해서 할 수 있는 일은 해나가야겠다고 생각하고 있습니다. 어린이집에 보조 선생님이 배치된다면 츠바사를 위해서도 좋은 일이라고, 이제는 받아들일 수 있습니다. 츠바사가 뒤처지면 손을 내밀어 이끌어주고 싶습니다. 또 츠바사의 장점과 단점을 다 받아들이고 즐거운 마음으로 키우고 싶습니다.

초기에 장애를 받아들이는 데 중요한 역할을 한 것은 주변 사람들이었 다. 남편은 "당장 생명이 위험한 것도 아니잖아." 하며 굳건하게 버텨주었다. 큰애와 같은 반의 학부모 중에 장애아를 키우는 K씨가 있는데, 그분에게 울면서 하고 싶은 말을 다 쏟아내기도 했다. 지금 생각하면 나부터가 온통 편견에 사로잡혀 있던 때였다. K씨는 같은 처지에 있는 엄마로서 내 충격을 함께 감당해주었다. 취학 상담도 담당하는 양호교사인 H씨는 장애에 대한 지식도 풍부해서 조기 치료 교육의 중요성이나 질 높은 전문기관에 도움받을 것을 조언해주었다.

내가 휘청거릴 때 지탱해준 그분들께 감사드린다. 덕분에 나는 점차 충격에서 벗어나 안정을 찾았다. 그리고 츠바사와 츠바사의 장애를 마주할 수 있게 되었다. 인터넷 카페를 통해서도 용기를 얻었다. 나처럼 고군분투하는 다른 가족들의 모습을 보며, '혼자가 아니구나.' 하고 힘을 얻었고, 그분들과 메일로 대화하면서 문제해결 방안을 찾을 수 있었다.

종종 분노발작을 일으키고 괴성을 지르는 것도 감각 과민으로 쉽게 상처를 받기 때문임을 알게 되었다. 츠바사의 마음에 상냥함과 유머, 열심히 하려는 의지와 지성이 잠자고 있다는 것도 알았다. 또 츠바사를 가르친다고 애썼지만 실은 내가 배운 것도 많았다. 덕분에 초등학교 교사 일도 계속 해나갈 수 있었다.

쇼핑할 때는 츠바사와 함께하기 힘들지만, 그때는 큰애가 집에서 츠바사를 돌봐주었다. 손톱을 깎을 때는 내가 아이를 붙잡아 움직이지 못하게 하고 남편이 깎아주었다. 서로 돕지 않을 수 없는 상황이라 가족의 결속도 자연히 더 깊고 강해졌다.

장애아 부모가 쓴 책에서 '행복'이라는 말이 보이면 위선이거나 오기일 거라고 생각할 만큼 의심이 깊었던 나였지만, 10년이 지나고 보니 츠바사와 함께하는 생활은 애초에 상상했던 것보다 훨씬 더 즐겁고 평온했다.

츠바사가 없었다면 알지 못했을 멋진 분들도 많이 만났다. 내가 많은 사람의 도움을 받았던 것처럼 이 책이 누군가에게 도움이 되었으면 좋겠다.

부모와 교사를 위한
자폐아이 생활백서

글쓴이 | 사토 도모코 옮긴이 | 이규원
기획 | 전광철 편집 | 김주연 디자인 | 김민서

펴낸곳 | ㈜도서출판 한울림 펴낸이 | 곽미순
등록 | 2008년 2월 13일(제2008-000016호)
주소 | 서울특별시 마포구 희우정로16길 21
대표전화 | 02-2635-1400 팩스 | 02-2635-1415
블로그 | blog.naver.com/hanulimkids
인스타그램 | www.instagram.com/hanulimkids

첫판 1쇄 펴낸날 | 2010년 7월 26일
개정판 1쇄 펴낸날 | 2017년 5월 10일 6쇄 펴낸날 | 2025년 3월 20일
ISBN 978-89-93143-57-7 13370

* 한울림스페셜은 ㈜도서출판 한울림의 장애 관련 도서 브랜드입니다.
* 잘못 만들어진 책은 바꾸어 드립니다.